Julika Schlüter

ALTE DINGE
NEUES LEBEN

CV

INHALT

PRAKTISCHES

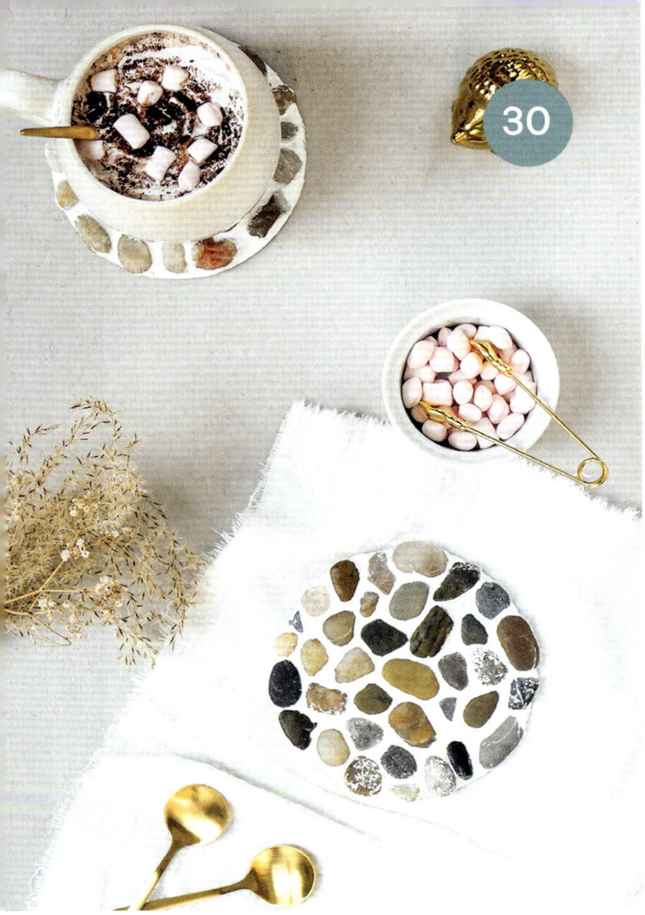
30

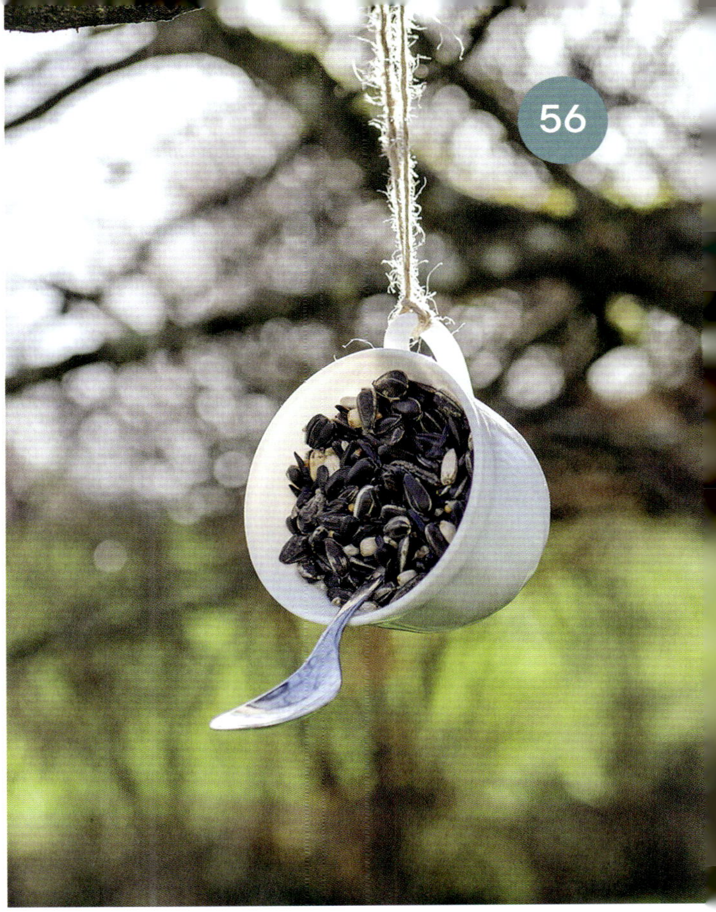
56

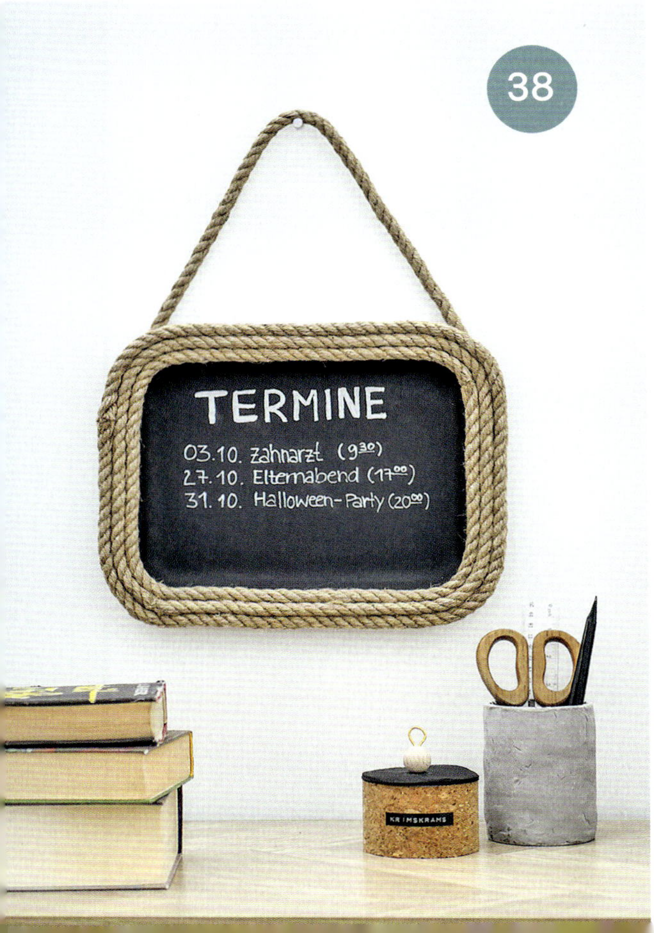
38
TERMINE
03.10. Zahnarzt (9^{30})
27.10. Elternabend (17^{00})
31.10. Halloween-Party (20^{00})
KRIMSKRAMS

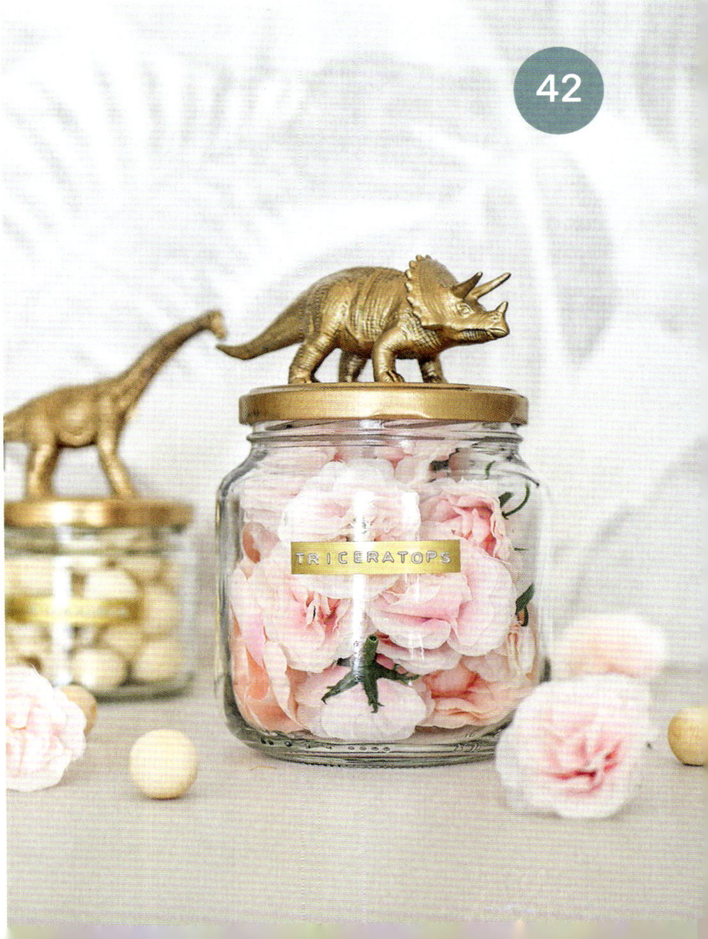
42
TRICERATOPS

DEKORATIVES

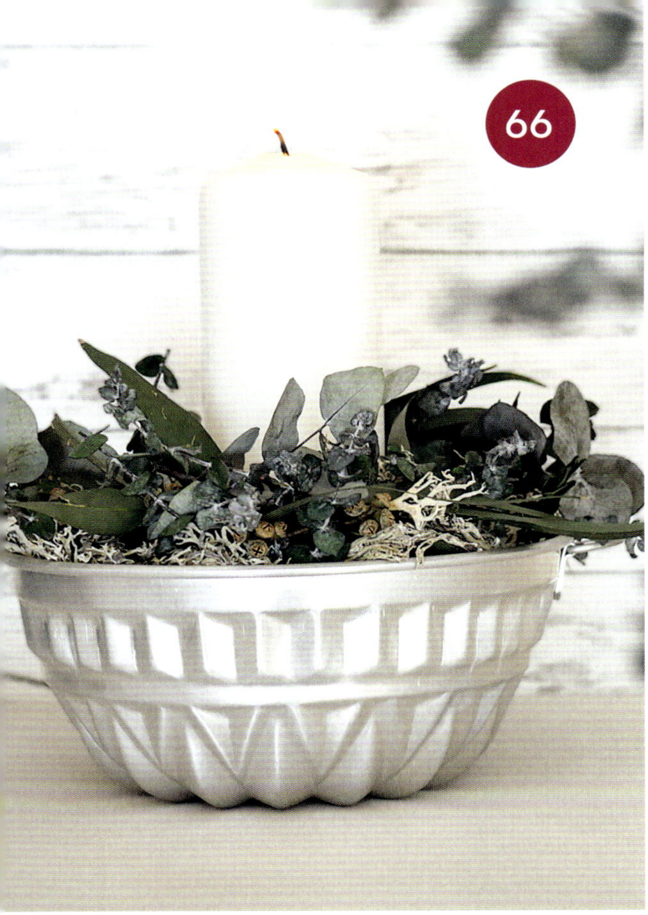
66

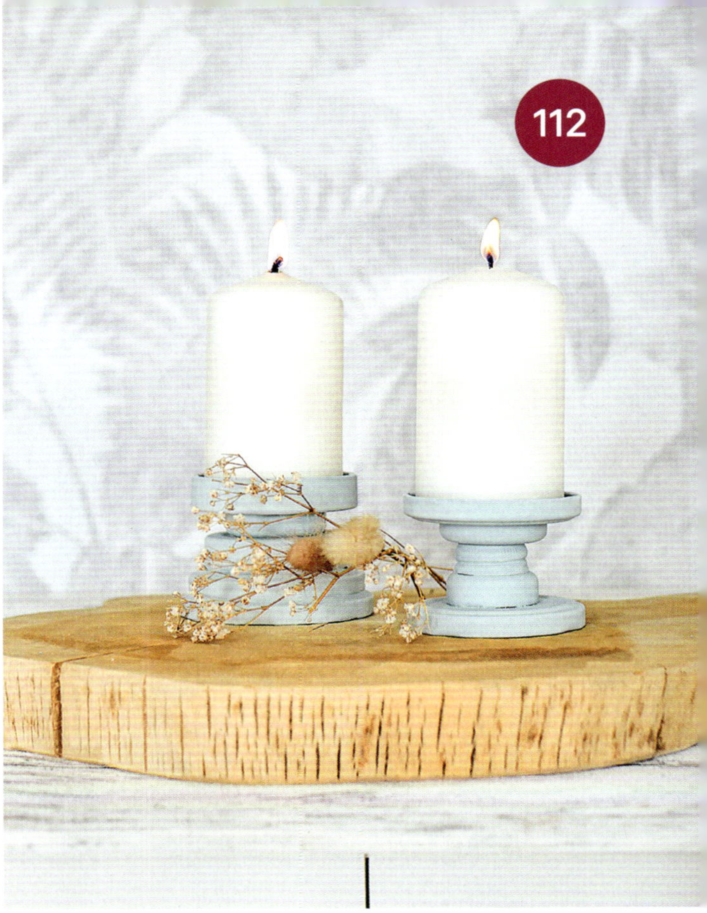
112

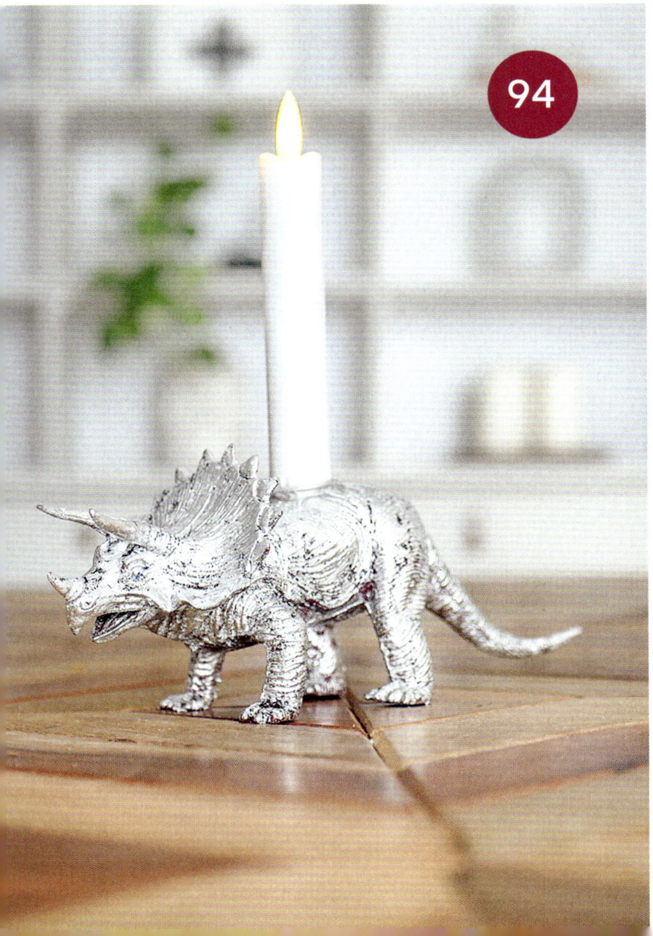
94

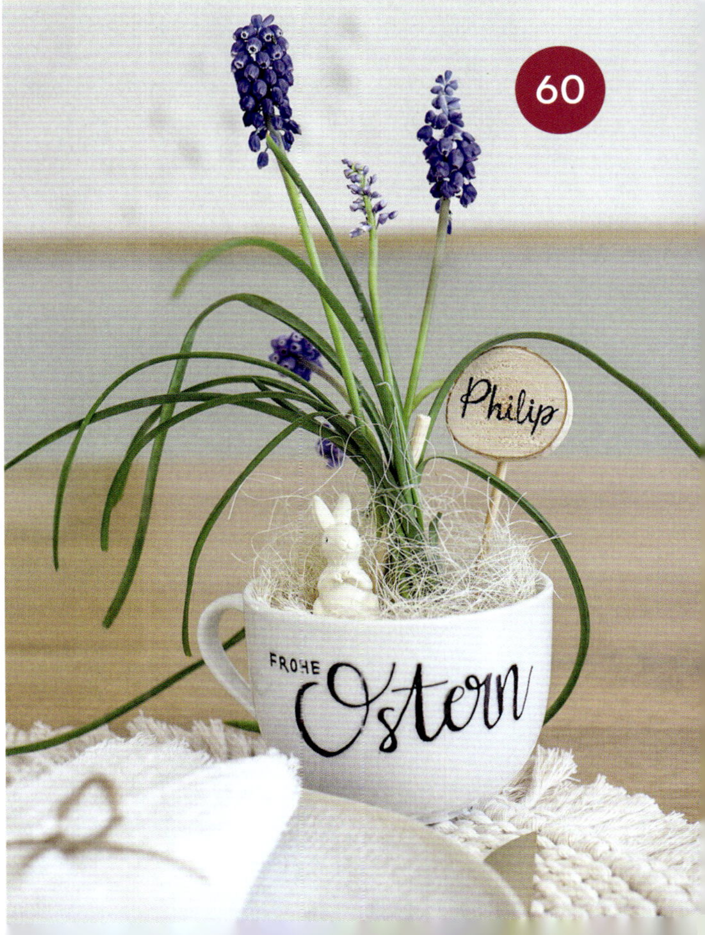
60
Philip
FROHE
Ostern

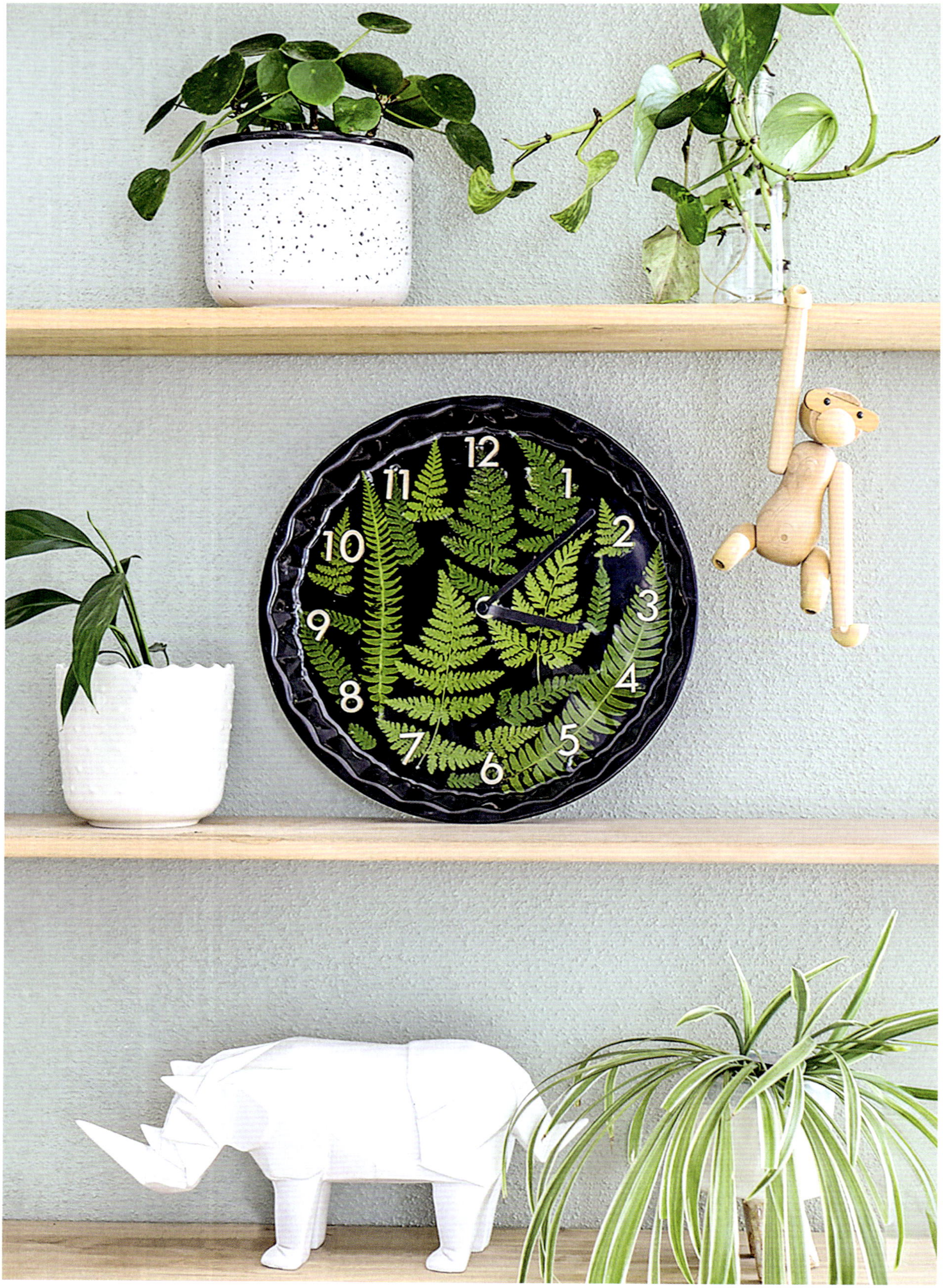

Herzlich willkommen zu „Alte Dinge, neues Leben"!

Dieses Buch ist eine Einladung an alle Kreativbegeisterten, gemeinsam die faszinierende Welt des Upcyclings zu entdecken.

Was vor 20 Jahren noch niemandem ein Begriff war, ist heutzutage in aller Munde. Die Idee hinter Upcycling ist so simpel wie genial: aus etwas Altem etwas Neues schaffen. In unserer modernen Welt, geprägt von Massenproduktion und Wegwerfkultur, erlangt Upcycling eine immer größere Bedeutung. Es ist der Akt des Umdenkens, des Wiederentdeckens von Wert und Schönheit in scheinbar Ausgedientem.

Dieses Buch soll dir eine Inspiration sein, vermeintlichem Trödel ein neues Leben zu schenken. Hier findest du ausführliche Anleitungen und praktische Tipps, um alltägliche Haushaltsgegenstände in individuelle Dekoobjekte oder nützliche Helferlein zu verwandeln. Wir werden gemeinsam aus alten Backformen, übrig gebliebenen Weingläsern und zerkratzten CDs neue Lieblingsstücke zaubern. Lass uns also bewusst mit den Ressourcen umgehen, die uns zur Verfügung stehen.

Tauche mit mir in die vielseitige Welt des Upcyclings ein! Möge jede Seite dich inspirieren, die Dinge um dich herum mit neuen Augen zu sehen.

Viel Spaß beim Upcyceln!

GEBRAUCHTE SCHÄTZE FINDEN

Der Sinn hinter diesem Buch ist klar: alten Dingen ein neues Leben schenken. Der ein oder andere Haushaltsgegenstand, der hier verwendet wurde, findet sich wahrscheinlich noch ungenutzt im eigenen Küchenschrank. Aber was tun, wenn einem doch mal ein Teil fehlt? Natürlich könnte man jetzt einfach alles neu kaufen, aber das entspricht ja nun nicht unbedingt dem Grundgedanken des Upcyclings. Daher gebe ich dir gerne ein paar Tipps an die Hand, wo du günstig und nachhaltig einkaufen kannst, um die Ideen aus diesem Buch nachzubasteln.

Flohmärkte

Vor allem in den wärmeren Monaten sind Flohmärkte der place to be, um sich mit allem möglichen Upcycling-Material einzudecken. In größeren Städten hast du oft sogar die Qual der Wahl, wenn du für das Wochenende einen Trödel-Trip geplant hast. Wer öfter Flohmärkte besucht, bekommt auch schnell ein Gefühl dafür, welcher Markt besonders vielversprechend ist. Als allgemeine Faustregel gilt: Der frühe Vogel fängt den Wurm. Wenn die Stände gerade erst aufgebaut werden, ist der Andrang noch nicht so groß, die Auswahl aber umso besser. Aber auch gegen Ende eines Flohmarktes kannst du noch richtige Schnäppchen machen. Denn kurz vor Schluss möchten die Verkaufenden ihre Ware unbedingt noch losbekommen und geben sie oft besonders günstig her.

Second-Hand-Shops

Wenn die Flohmarktsaison vorbei ist oder das Wetter nicht mitspielt, sind Second-Hand-Shops und Sozialkaufhäuser eine gute Anlaufstelle. Hier kannst du im Warmen und Trockenen ganz gemütlich durch das wechselnde Sortiment stöbern. Aber aufgepasst: Nicht alle Sozialkaufhäuser sind gleich. Bei manchen muss ein Nachweis erbracht werden, dass das Einkommen gering ist. Andere Sozialkaufhäuser hingegen freuen sich über Kunden jeder Gehaltsklasse, da die Erlöse oft wieder einem guten Zweck zugeführt werden.

Online-Portale

Vielleicht wirst du aber auch auf Kleinanzeigen-Portalen im Internet fündig. Einfach einen Suchbegriff eingeben und schauen, ob jemand in der Nähe das Objekt der Begierde anbietet. Genau wie beim Flohmarkt kannst du in der Regel auch online beim Preis noch etwas feilschen. Oft siehst du in der Anzeige, wie lange das Inserat schon online ist. Je länger das Datum zurückliegt, desto eher sind die Verkaufenden wahrscheinlich bereit, den Preis noch etwas zu senken.

Haushaltsauflösungen

Vor allem für die Upcyclingideen aus diesem Buch können Haushaltsauflösungen eine wahre Fundgrube sein. Oft wird ein ganzer Hausstand zum Verkauf angeboten, teilweise sogar verschenkt. Das kommt vor, wenn ein Paar zusammenzieht und zwei Haushalte zusammengeführt werden. Oder aber auch, wenn ein Angehöriger ins Pflegeheim kommt oder gar verstorben ist. In beiden Fällen handelt es sich oft um eine große Verkaufsmasse. Die Verkaufenden sind meist froh um alles, das sie in neue Hände geben können. Haushaltsauflösungen werden gerne auf Kleinanzeigen-Portalen im Internet oder in der Lokalzeitung angekündigt.

Du bist immer noch nicht fündig geworden? Dann frag doch einfach mal ganz unverblümt bei Freunden oder der Familie nach. Wir alle haben doch noch eine Menge Kram im Keller oder auf dem Dachboden liegen, den wir nicht mehr brauchen. Vielleicht ergibt sich beim gemeinsamen Stöbern ja auch ein tolles Tauschgeschäft.

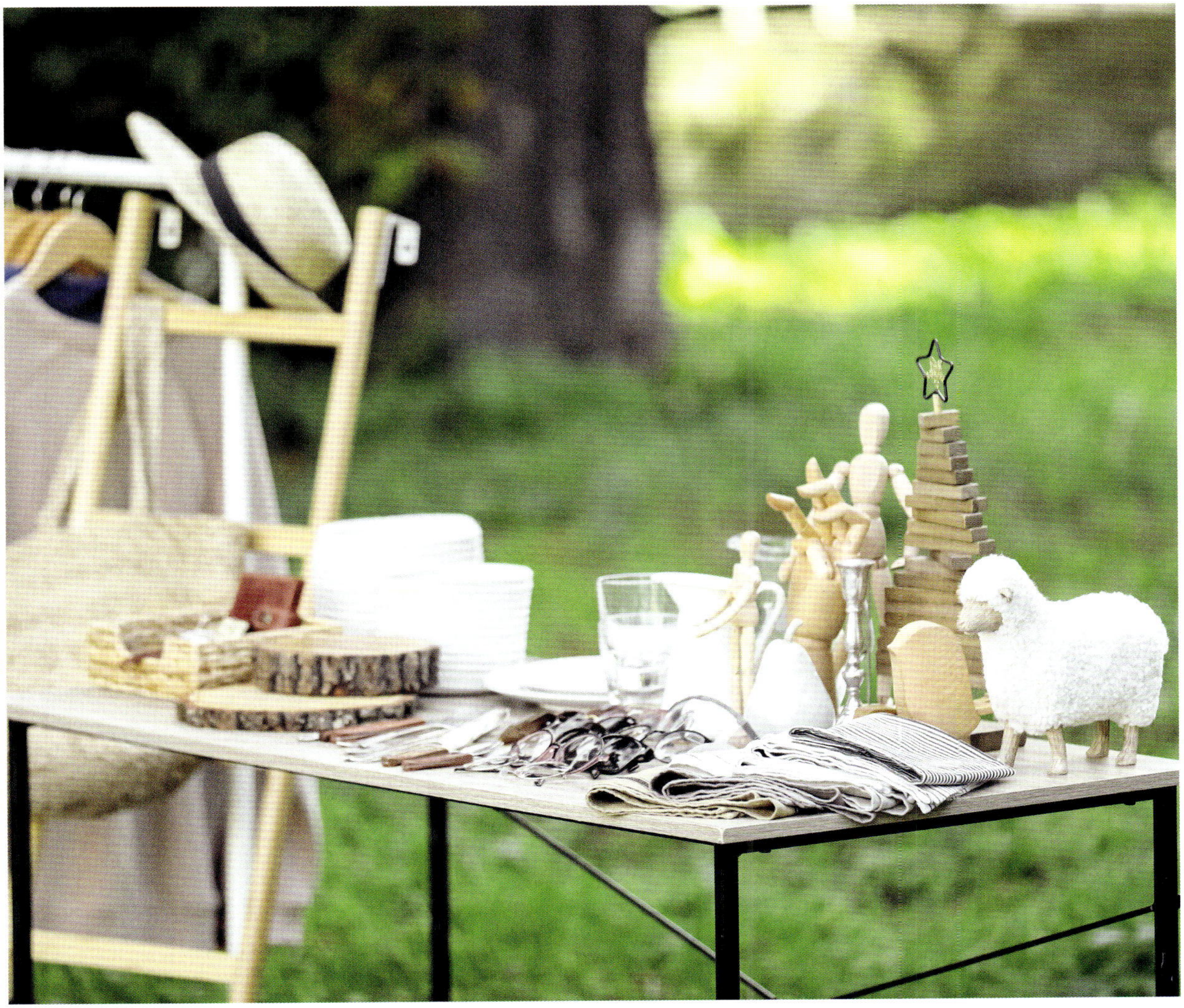

Material & Technik

MATERIAL & TECHNIK

Um die Projekte in diesem Buch umsetzen zu können, braucht es keine spezielle Ausstattung. Wer die benötigten Haushaltsgegenstände nicht schon zu Hause hat, wird bestimmt auf dem nächsten Flohmarkt fündig. Alle übrigen Materialien findest du im Bastelladen oder Baumarkt deiner Wahl.

SPRÜHLACK

Sprühlack ist eine vielseitige und praktische Möglichkeit, um Oberflächen zu gestalten und zu schützen. Ob Möbel, Dekoartikel oder Bastelprojekte – mit Sprühlack lassen sich schnell und einfach tolle Ergebnisse erzielen. Ich erkläre dir alles Wissenswerte rund um die Anwendung von Sprühlack und stelle dir die verschiedenen Varianten vor, damit du den perfekten Lack für dein Projekt auswählen kannst.

Lackarten

Kreidelack
Kreidelack ist eine sehr matte, leicht strukturierte Farbe, die sich ideal für den Shabby-Chic-Look eignet. Er ist auf vielen Materialien anwendbar und lässt sich anschließend mit klarem Wachs versiegeln.

Buntlack
Buntlacke sind der Klassiker aus dem Baumarkt. Es gibt sie in einer Vielzahl von Farben und Glanzgraden. Sie eignen sich für die Gestaltung von fast allen Oberflächen.

Felgenlack
Felgenlack ist ein besonders widerstandsfähiger Lack, der für die Beschichtung von Felgen und anderen Metallteilen entwickelt wurde. Er ist kratzfest und witterungsbeständig und eignet sich daher besonders für stark beanspruchte Flächen.

Primer
Primer erhöht die Haftung des Lackes auf deinem Bastelprojekt. Wenn es sich also nicht nur um ein Stehrümchen handelt, solltest du vorher grundieren. Je nach Material und Beschaffenheit gibt es verschiedene Primer. So kannst du zum Beispiel bei verrosteten Objekten eine Grundierung verwenden, die verhindert, dass der Rost die Farbe durchdringt. Für die meisten Projekte reicht in der Regel eine Universal-Grundierung aus.

Klarlack
Klarlack dient als Schutzlack für die fertige Oberfläche. Er versiegelt den Lack und macht ihn widerstandsfähiger gegen Kratzer und Abnutzung. Außerdem sorgt er für ein schönes Finish deiner Wahl. So bekommt dein Projekt je nach Klarlack eine matte, seidenmatte oder glänzende Oberfläche.

Vorbereitung

Lackiere am besten im Freien oder in einem gut belüfteten Raum. Decke den Boden und umliegende Gegenstände mit Abdeckfolie oder Zeitungen ab, um sie vor Sprühnebel zu schützen. Trage aus Sicherheitsgründen eine Atemschutzmaske und Handschuhe.

Die Oberfläche muss sauber, trocken und fettfrei sein.
Entferne abgesplitterten Lack mit Schleifpapier, bis die Oberfläche glatt ist. Schmutz und Staub kannst du einfach mit einem feuchten Tuch abwischen und danach trockenreiben.

Anwendung

Teste den Sprühlack an einer unauffälligen Stelle, bevor du ihn auf die gesamte Oberfläche aufträgst. Schüttle die Sprühdose vor Gebrauch mindestens 2 Minuten lang, damit sich die Farbpigmente optimal verteilen. Halte die Sprühdose circa 20 bis 30 cm von der Oberfläche entfernt und sprühe in gleichmäßigen Bahnen von oben nach unten.
Vermeide es, zu lange an einer Stelle zu sprühen, um Nasenbildung zu vermeiden.

Für ein optimales Ergebnis trage mehrere dünne Schichten Sprühlack auf. Jede Schicht sollte zwischen 5 und 10 Minuten trocknen, bevor du die nächste aufträgst. Sprühe nach Gebrauch die Sprühdose mit dem Kopf nach unten leer, um die Düse freizuspülen.
Lasse den Sprühlack nach dem Auftragen vollständig trocknen. Die genaue Trocknungszeit variiert je nach Hersteller. Du kannst sie der Produktinformation auf der Sprühdose entnehmen.

Sprühlacke sind leicht entzündlich. Lagere sie daher an einem kühlen und trockenen Ort.

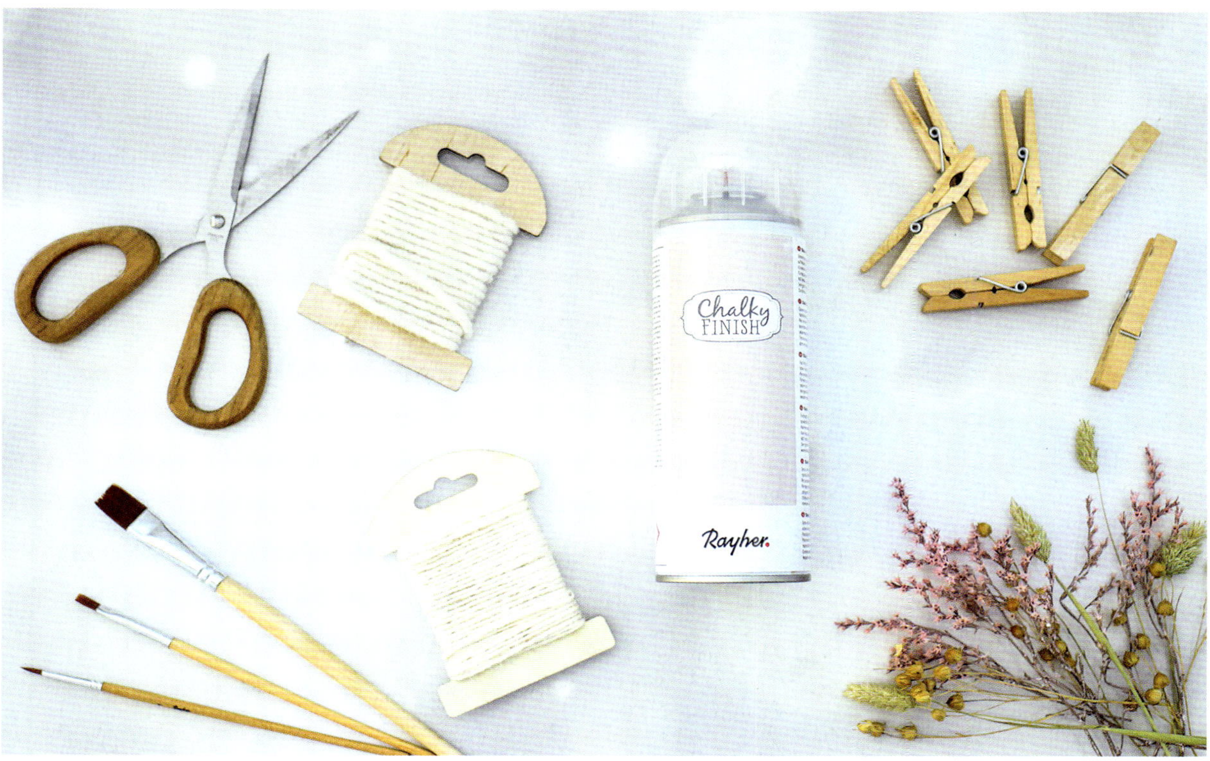

BLATTMETALL

Blattmetall gibt es nicht nur ganz klassisch in Gold, Silber oder Kupfer, sondern auch in allen möglichen anderen Farben. Du kannst es als Flocken oder in Form von hauchdünnen Blättern kaufen. Egal wofür du dich entscheidest, solltest du beim Auftragen auf Folgendes achten:

1. Es gibt spezielle Anlegemilch für Blattmetall, die du für deine Bastelarbeiten benutzen solltest. Normaler Bastelkleber eignet sich nicht, da er nach dem Trocknen seine Klebeeigenschaften verliert. Trage die Anlegemilch dünn mit einem Pinsel auf und lasse sie antrocknen, bis keine feuchten Stellen mehr zu sehen sind. In der Regel erkennst du das daran, dass die Flüssigkeit nach dem Trocknen nicht mehr milchig ist. Je nachdem, wie dick die Anlegemilch aufgetragen wurde, dauert das etwa 15 bis 30 Minuten.

2. Lege das Blattmetall vorsichtig auf die zu beklebende Fläche und streiche mit einem Pinsel darüber, um es auszudrücken und überstehendes Metall abzutragen. Fahre damit fort, bis die gesamte Fläche mit Blattmetall bedeckt ist. Falls es an einigen Stellen nicht gehalten hat, führe das Prozedere ab Schritt 1 erneut durch.

3. Lackiere die Fläche mit speziellem Schutzlack für Blattmetall. Den findest du in der Regel von denselben Herstellern, bei denen du schon die Anlegemilch gekauft hast.

Nicht jede Anlegemilch ist auf Wasserbasis. Der Vorteil von wasserbasierten Produkten ist, dass sich der Pinsel nach Benutzung ganz einfach auswaschen lässt. Teilweise ist die Klebekraft dadurch nicht ganz so stark, aber doch meistens ausreichend. Für welche Variante du dich entscheidest, liegt bei dir!

Blattmetall-Flocken kannst du übrigens auch für ganz andere Projekte verwenden, zum Beispiel für Epoxidharz-DIYs. Dafür werden die Flocken einfach in das Harz eingemischt. Auch selbst gemachtes Büttenpapier lässt sich damit veredeln. Schau dir dafür gerne das Projekt auf Seite 112 an.

EPOXIDHARZ

Epoxidharz (auch Resin genannt) hat in den letzten Jahren als Bastelmaterial einen regelrechten Trend ausgelöst – und das nicht ohne Grund. Du kannst es vielseitig einsetzen und wunderschöne Bastelprojekte damit realisieren. Damit bei deinen ersten Versuchen mit Resin nichts schiefgeht, verrate ich dir nun Tipps und Tricks für das Arbeiten mit Epoxidharz.

Vorbereitung

Solange das Resin nicht ausgehärtet ist, ist es sehr klebrig und daher schwierig von der Haut zu entfernen. Trage deshalb unbedingt Schutzhandschuhe, um deine Haut zu schützen.

Das frisch angerührte Harz setzt Dämpfe frei, die deine Schleimhäute reizen können. Sorge für eine gut belüftete Arbeitsumgebung und trage im Optimalfall zusätzlich eine Atemschutzmaske. Sobald das Epoxidharz ausgehärtet ist, ist das Material jedoch unbedenklich.

Reinige die Arbeitsfläche und die Werkzeuge mit Aceton oder Alkohol. So stellst du sicher, dass keine Dreckpartikel in dein Werk gelangen.

Verarbeitung

Mische Harz und Härter in einem sauberen Gefäß genau nach den Anweisungen des Herstellers. Je nach Hersteller variiert das Mischungsverhältnis. Manche verlangen eine Abmessung nach Millilitern, andere nach Gewicht. Lies dir die Herstellerangaben daher sorgfältig durch. Wichtig ist, dass die beiden Komponenten sehr gründlich miteinander verrührt werden. Plane dafür mindestens 1 bis 2 Minuten ein, da sonst die Gefahr besteht, dass das Harz stellenweise nicht aushärtet.

Gieße das gemischte Harz in die gewünschte Form oder auf das Objekt deiner Wahl.
Etwaige Luftblasen kannst du mit einem Heißluftgebläse, einem kleinen Bunsenbrenner oder einem Zahnstocher entfernen. Bitte lass beim Umgang mit derlei Geräten die entsprechende Vorsicht walten.

Lass das Harz vollständig aushärten. Die Aushärtezeit kann je nach Produkt und Umgebungstemperatur variieren.

Nachbearbeitung

Falls du nach dem Aushärten Unebenheiten entdeckst, kannst du diese mit feinem Schleifpapier entfernen. Dadurch verliert die Oberfläche allerdings ihren Glanz, sodass du sie anschließend mit einem geeigneten Poliermittel wieder aufpolieren musst.

Tipps und Tricks

Bevor du dich an ein Herzensprojekt machst, teste den Umgang mit Epoxidharz lieber erst an kleineren Testobjekten.
Einige Epoxidharze vergilben mit der Zeit durch UV-Strahlung. Achte auf UV-beständige Produkte, wenn du das Harz im Freien verwenden möchtest oder das fertige Projekt später an einer sonnigen Stelle steht.

Je nach Hersteller hat das Epoxidharz eine vergleichsweise lange oder kurze Aushärtezeit. Schnell aushärtende Harze sind ideal für kleine Projekte, während langsam aushärtende Harze mehr Zeit zum Verarbeiten bieten. Nutze das passende Produkt für dein Projekt.

Verwende Einwegbecher und -werkzeuge, um eine Verunreinigung des Harzes zu vermeiden. Alternativ eignen sich auch Becher aus Silikon, da du das Resin dort nach dem Aushärten einfach wieder entfernen kannst.
Reinige deine Werkzeuge sofort nach Gebrauch mit Aceton oder Alkohol.

Praktisches

PLATZSETS

aus Schallplatten

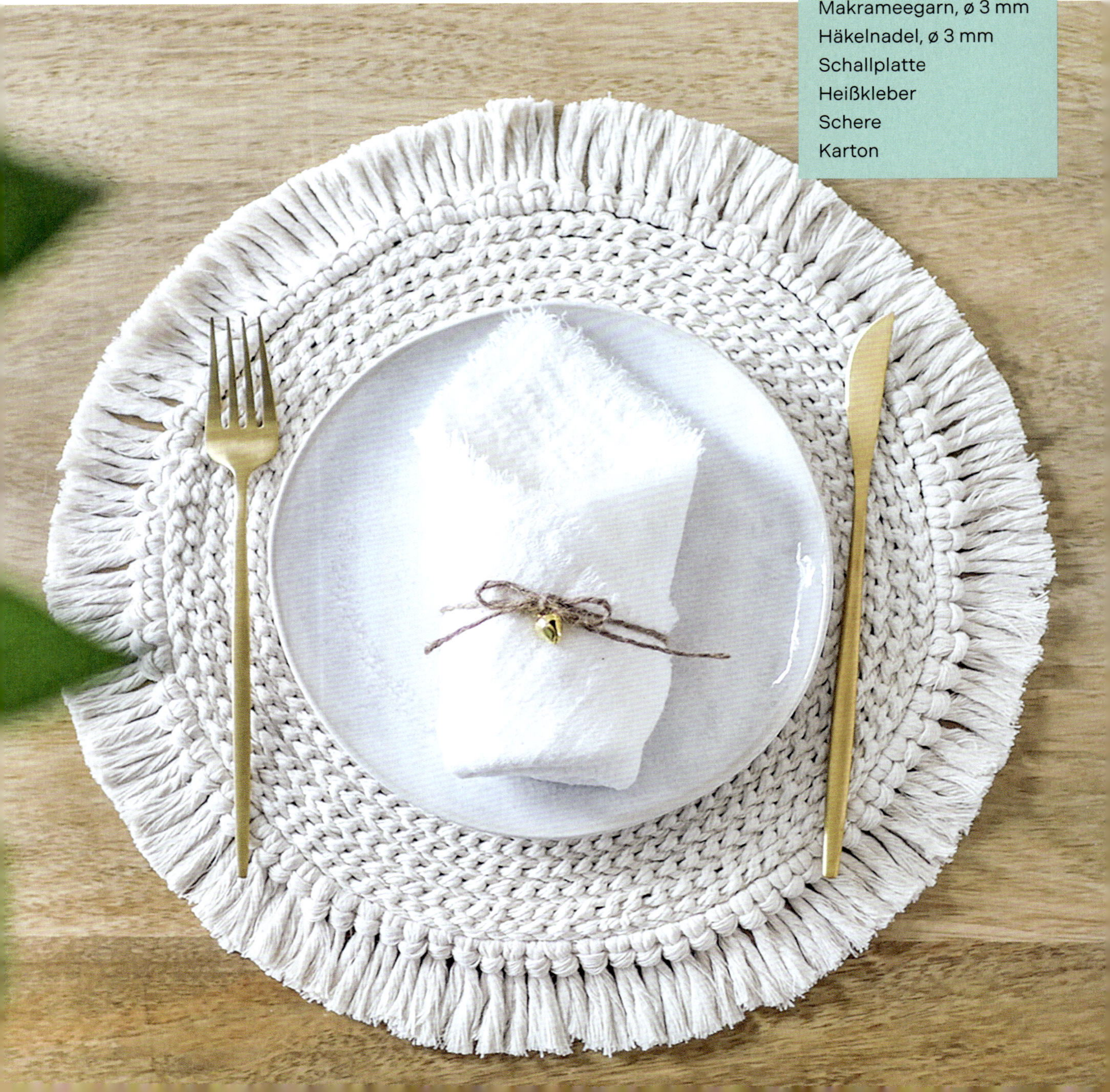

MATERIAL

Makrameegarn, ø 3 mm
Häkelnadel, ø 3 mm
Schallplatte
Heißkleber
Schere
Karton

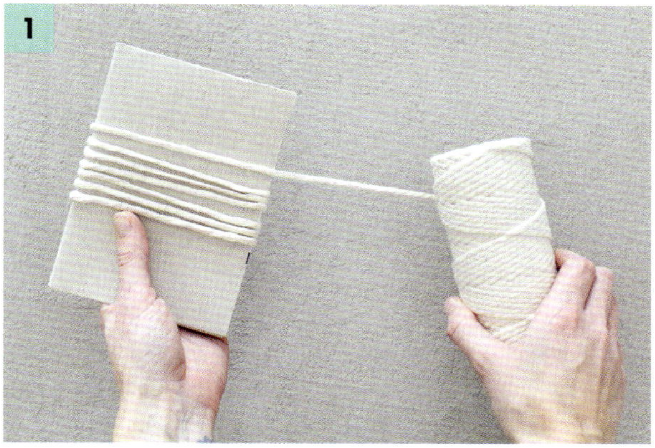

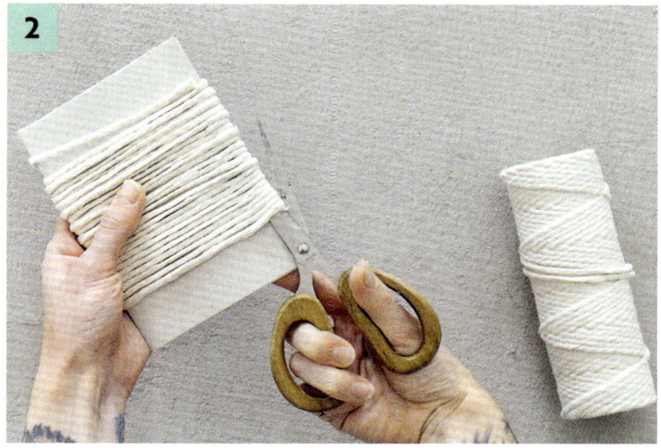

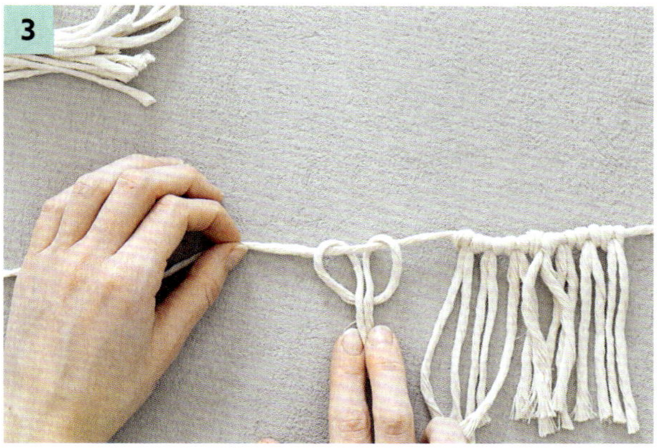

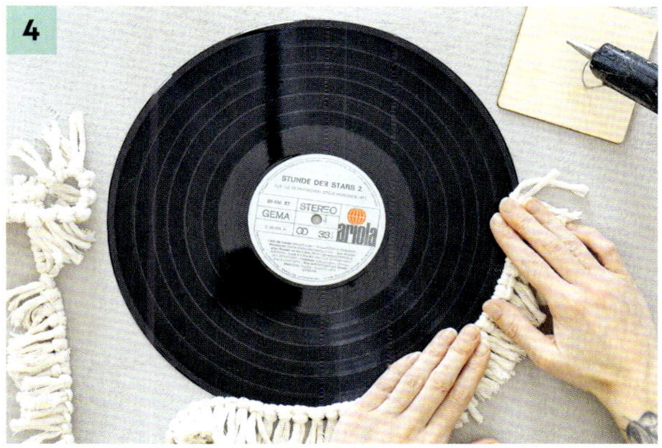

1. Karton rechteckig zuschneiden (oder dünneren Karton entsprechend falten), sodass die kürzere Seite etwa 1 cm breiter ist als die Wunschlänge der Fransen. Makrameegarn ordentlich um den Karton wickeln und darauf achten, dass beide Garnenden mit der Unterkante des Kartons abschließen.

2. Garn an der Unterkante des Kartons durchschneiden. Falls zu eng gewickelt wurde, das Garn vorsichtig vom Karton abstreifen und dann zerschneiden.

3. Ein Stück Makrameegarn so zuschneiden, dass es dem Umfang der Schallplatte zuzüglich 10 cm entspricht. Nacheinander die Fransen an das zugeschnittene Stück Garn knoten. Dafür die Fransen einzeln in der Mitte zusammennehmen, damit beide Garnenden nach unten zeigen, und unter das lange Stück Garn legen. Die Garnenden durch die Schlaufe ziehen. Wiederholen, bis das lange Garnstück komplett mit Fransen bestückt ist. Lediglich am Anfang und am Ende 5 cm Platz lassen.

4. Fransenborte mit Heißkleber an den äußeren Rand der Schallplatte kleben. Immer nur kleine Abschnitte verkleben, da der Kleber schnell aushärtet.

Fortsetzung Seite 24

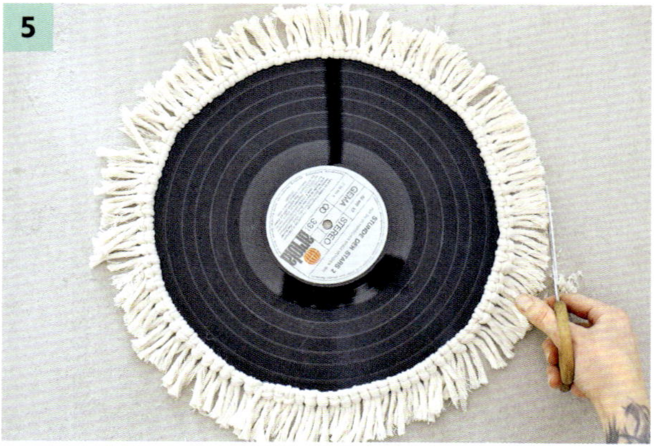

5. Die Fransen mit der Schere auf eine einheitliche Länge bringen.

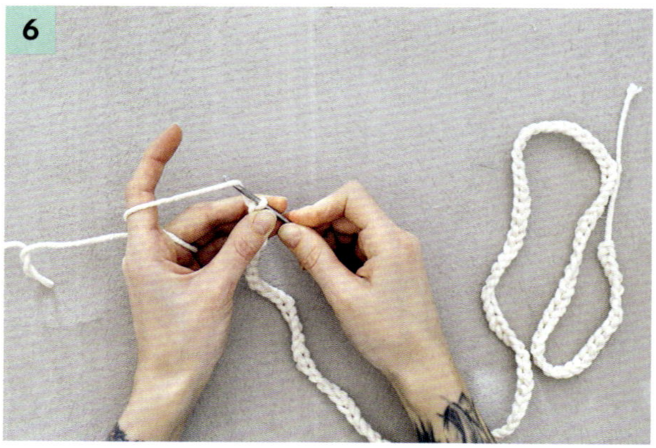

6. Eine sehr lange Luftmaschenschnur häkeln. Für die Luftmaschen eine Anfangsschlinge knoten, die Häkelnadel in die Schlinge legen und mit dem Haken das Garn durch die Schlinge ziehen. Fortführen, bis die gewünschte Länge erreicht ist. Die Häkelnadel nicht entfernen und das Garn nicht abschneiden, sodass bei Bedarf noch weitergehäkelt werden kann.
Alternative zu den Luftmaschen: ein dickeres Garn nehmen und ohne zu häkeln auf die Schallplatte kleben oder drei Garnstränge klassisch miteinander verflechten.

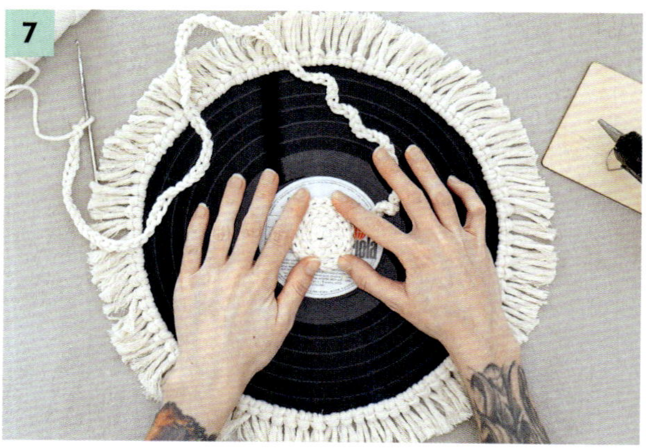

7. Den Anfang der Schnur mittig auf die Schallplatte kleben und anschließend spiralförmig weiterführen und festkleben. Bei Bedarf die Luftmaschenschnur weiterhäkeln und festkleben, bis die gesamte Schallplatte bedeckt ist. Garn abschneiden und Garnende durch die Schlaufe ziehen, damit die Schnur fixiert ist.

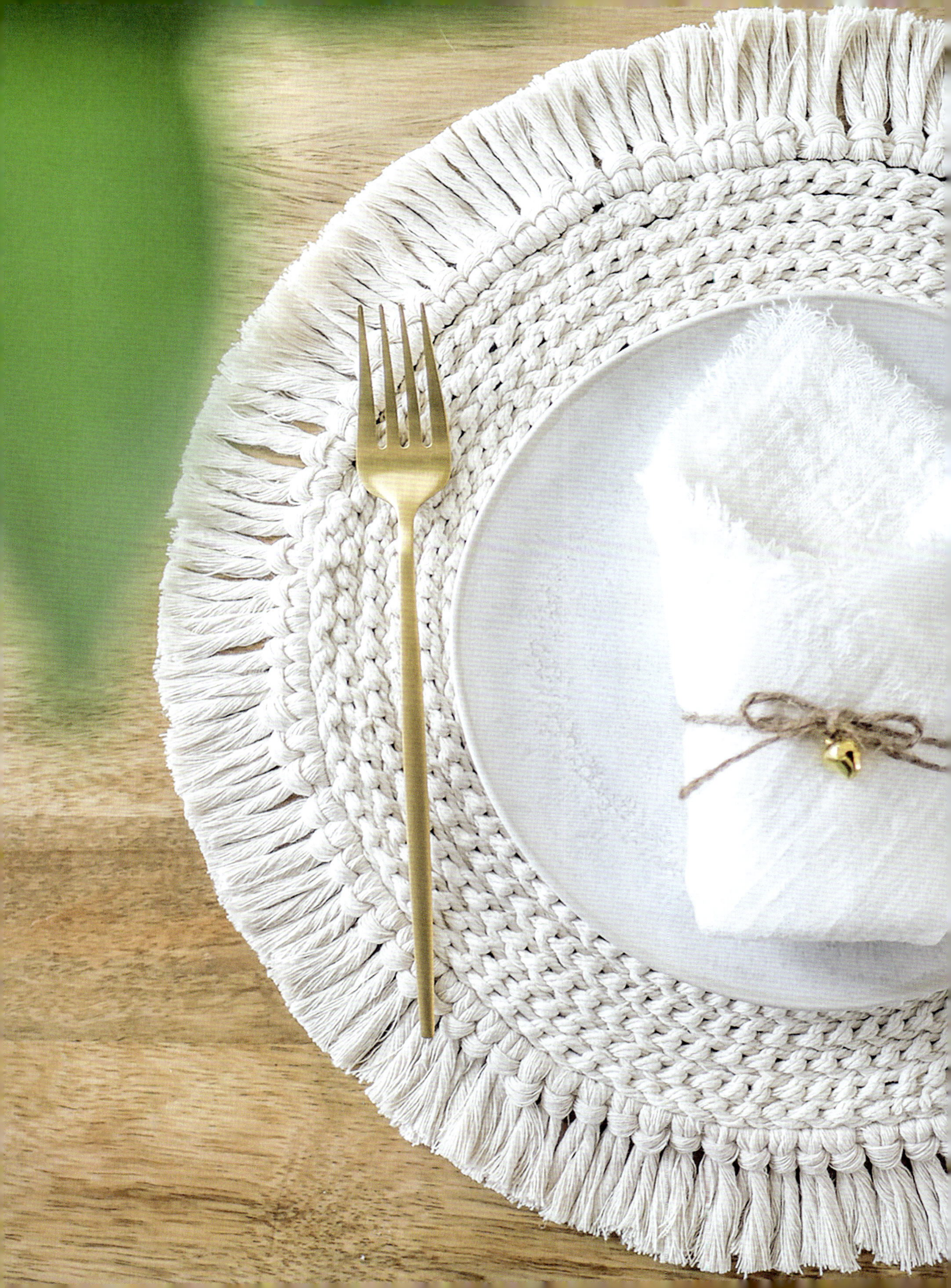

SONNENSPIEGEL

aus Wäscheklammern

MATERIAL

- Holzplatte, ø 24,7 cm
- 15 Holz-Wäscheklammern, 4,5 cm
- 15 Holz-Wäscheklammern, 7,2 cm
- Spiegelplatte, ø 20 cm
- Holzleim
- Kraftkleber
- Aufhängung

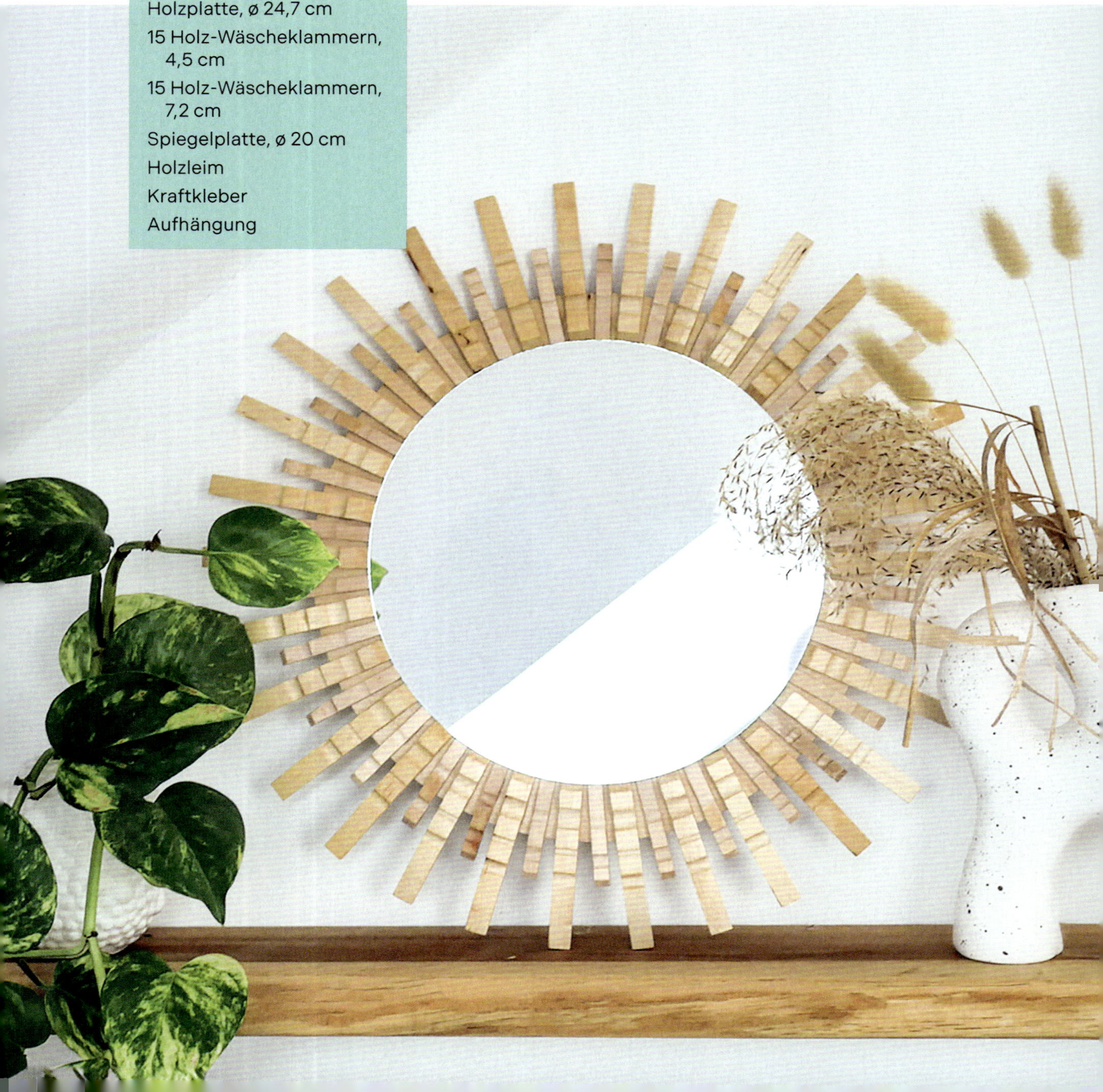

1a

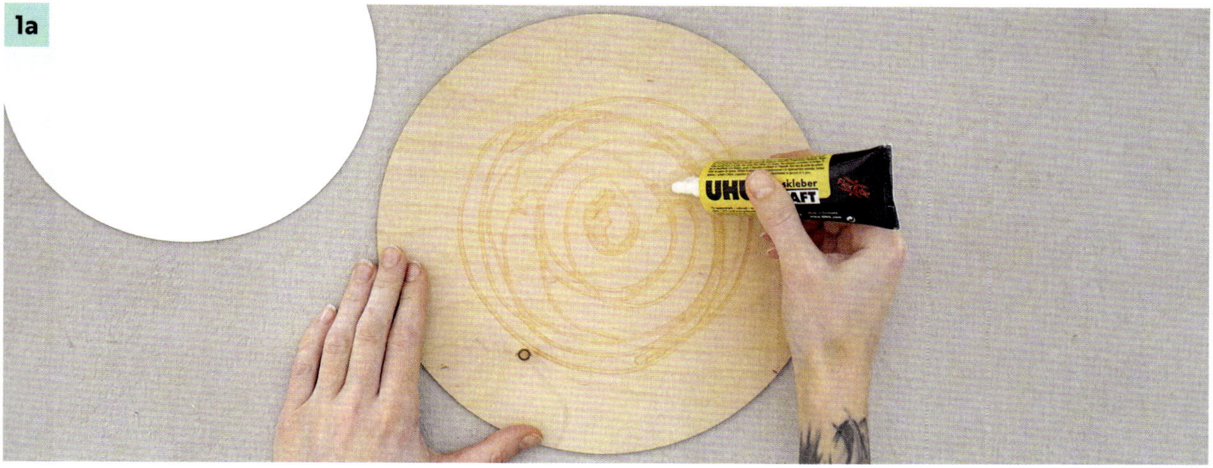

1b

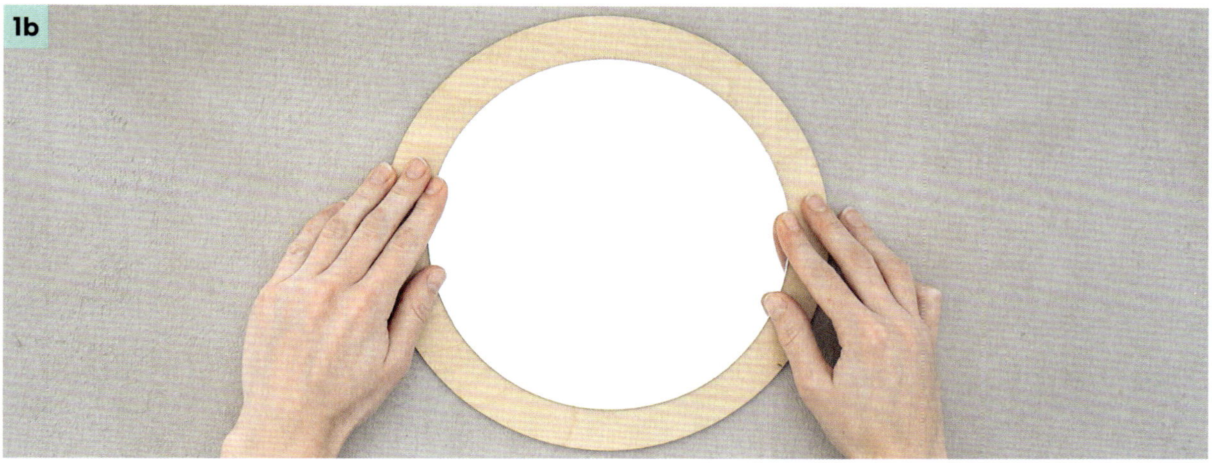

2

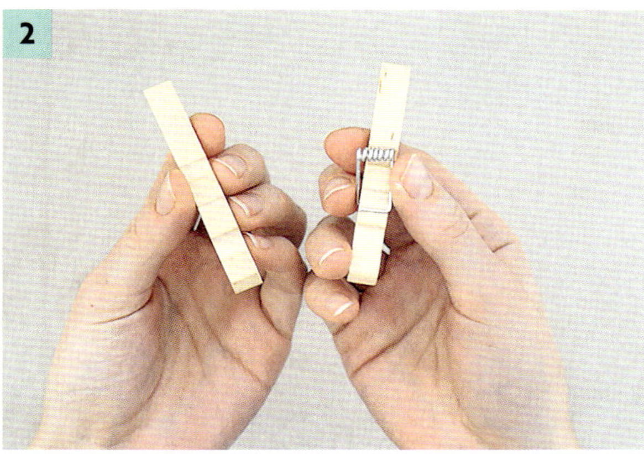

1. Spiegelplatte mit Kraftkleber mittig auf die Holzplatte kleben. Kleber trocknen lassen.

2. Metallteil von den Wäscheklammern entfernen, sodass zwei gleiche Holzteile vorliegen.

Fortsetzung Seite 28

3
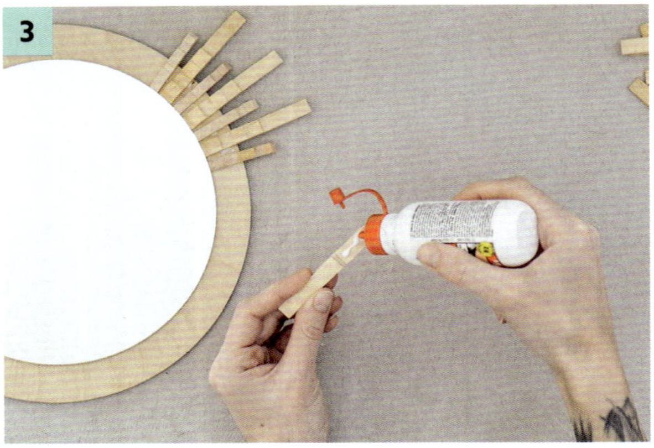

3. Abwechselnd eine große und eine kleine Wäscheklammerhälfte mit Holzleim um den Spiegel kleben. Große Wäscheklammern mit der tieferen Seite zum Spiegel aufkleben, kleine Wäscheklammern mit der schmaleren Seite. Dazwischen stets eine Lücke von etwa 3 mm frei lassen. Alternativ können auch Wäscheklammern aus Kunststoff verwendet werden. Diese dann mit Kraftkleber statt Holzleim anbringen. Den Spiegel mit den Kunststoffklammern dann ggf. im letzten Schritt nach Wunsch mit Farbspray lackieren.

4
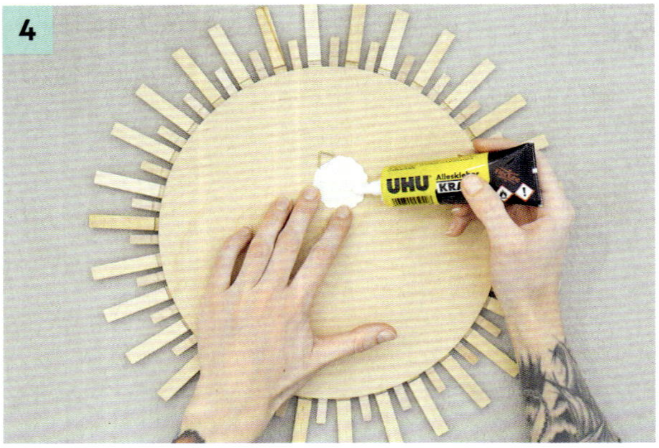

4. Aufhängung mit Kraftkleber anbringen, sodass das Metallteil über die Holzplatte herausragt. Die Spitze der Aufhängung sollte sich dabei in einer Lücke zwischen zwei Klammern befinden. Kleber vor dem Aufhängen gut trocknen lassen.

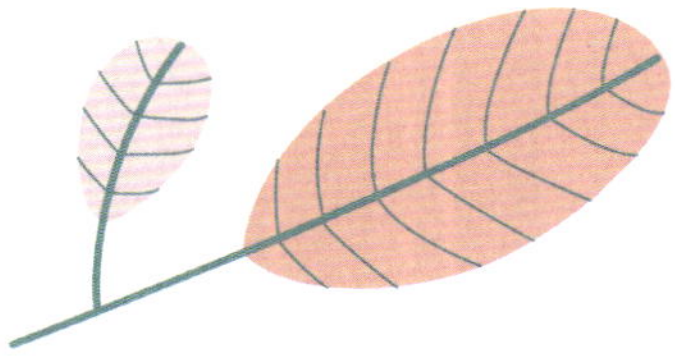

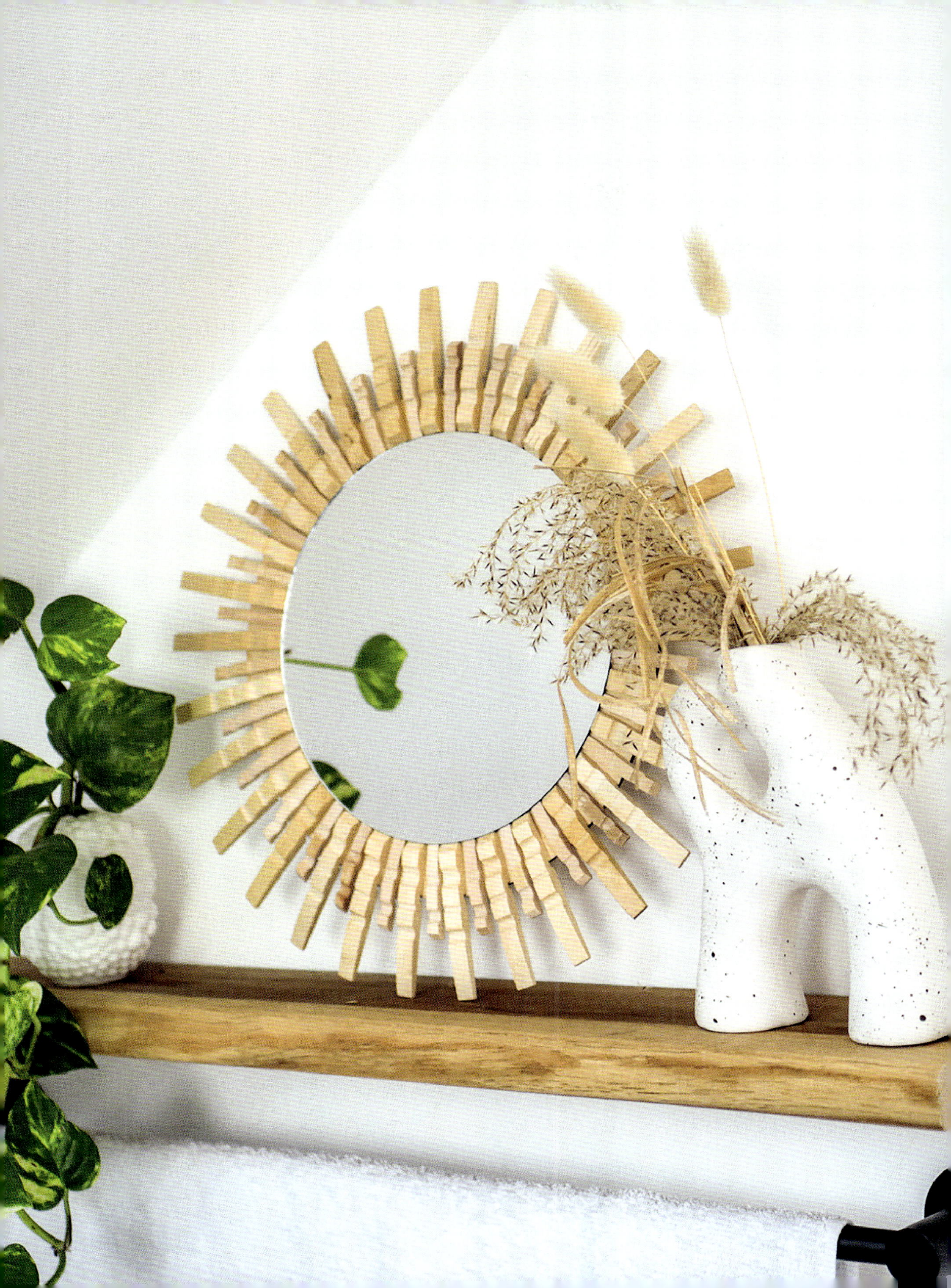

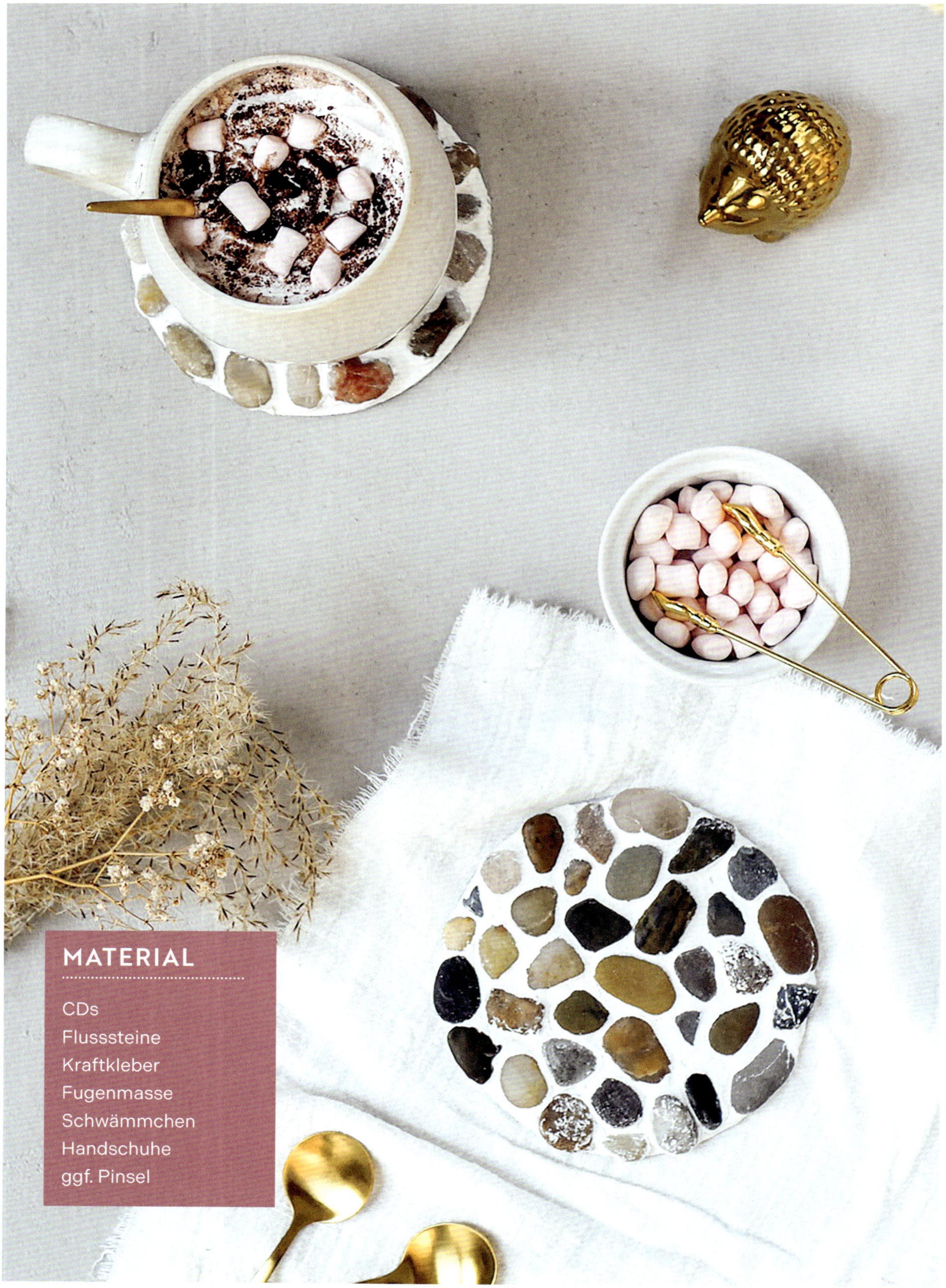

MATERIAL

CDs
Flusssteine
Kraftkleber
Fugenmasse
Schwämmchen
Handschuhe
ggf. Pinsel

STEINUNTER-SETZER

aus CDs

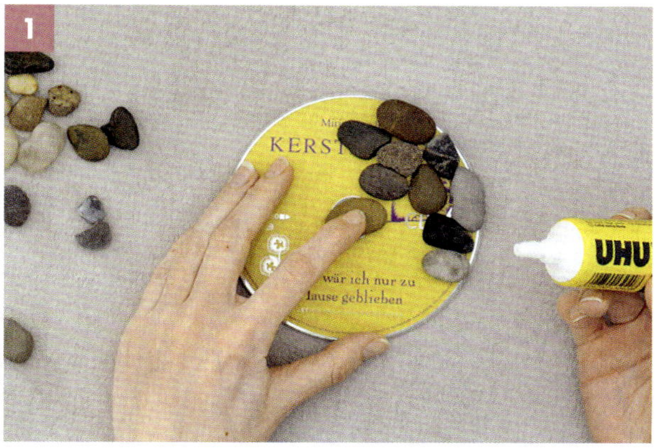

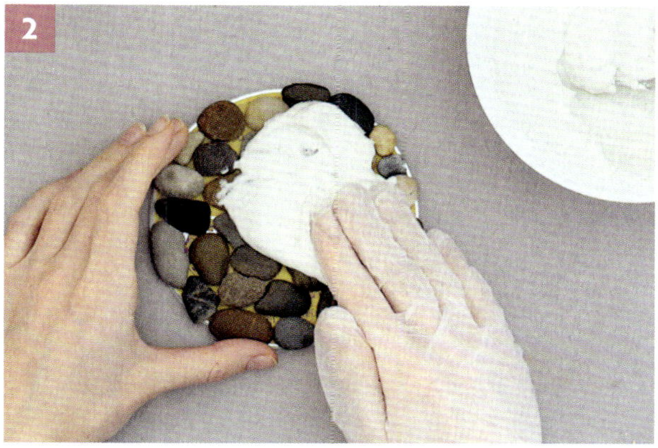

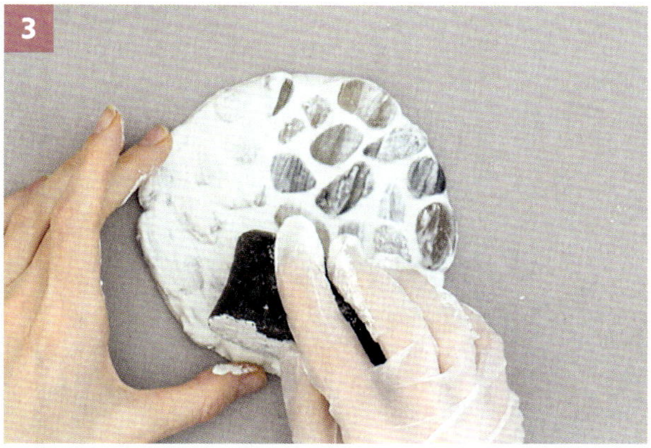

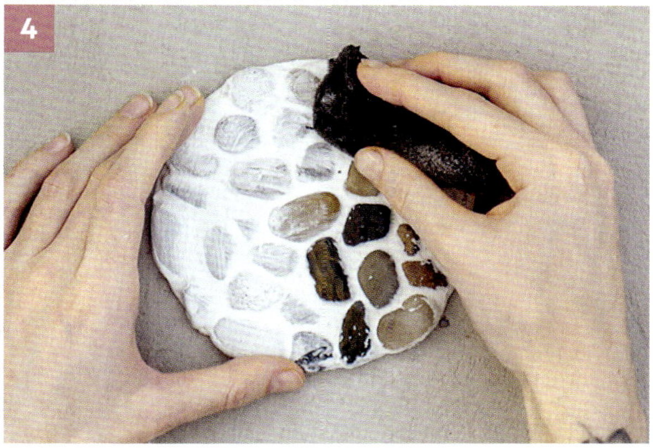

1. Steine so sortieren, dass pro Untersetzer alle Steine eine sehr ähnliche Höhe haben, damit am Ende eine halbwegs ebene Oberfläche entsteht. Steine dann mit Kraftkleber auf die CD kleben und trocknen lassen. Über das Loch in der Mitte einen größeren Stein kleben, um es zu verdecken.

2. Fugenmasse nach Packungsanweisung mit Wasser anrühren und mit Handschuhen auf dem Untersetzer verteilen, bis alle Lücken gefüllt sind.

3. Überschuss der Fugenmasse direkt mit einem Schwamm entfernen und den Schwamm zwischendurch auswaschen. Fugenmasse trocknen lassen.

4. Nach dem Trocknen nochmals mit einem sauberen Schwämmchen über die Steine gehen, um die restlichen Rückstände der Fugenmasse zu entfernen. Gegebenenfalls mit einem nassen Borstenpinsel einzelne Steine reinigen.

UTENSILO
aus Gardinenringen

MATERIAL

- Gardinenringe
- Altglasdeckel in passender Größe
- Chalky Finish Spray Grundierung
- Chalky Finish Spray in Helltopaz
- Chalky Finish Spray Wachs
- Acrylfarbe in Schwarz
- Borstenpinsel
- Kraftkleber

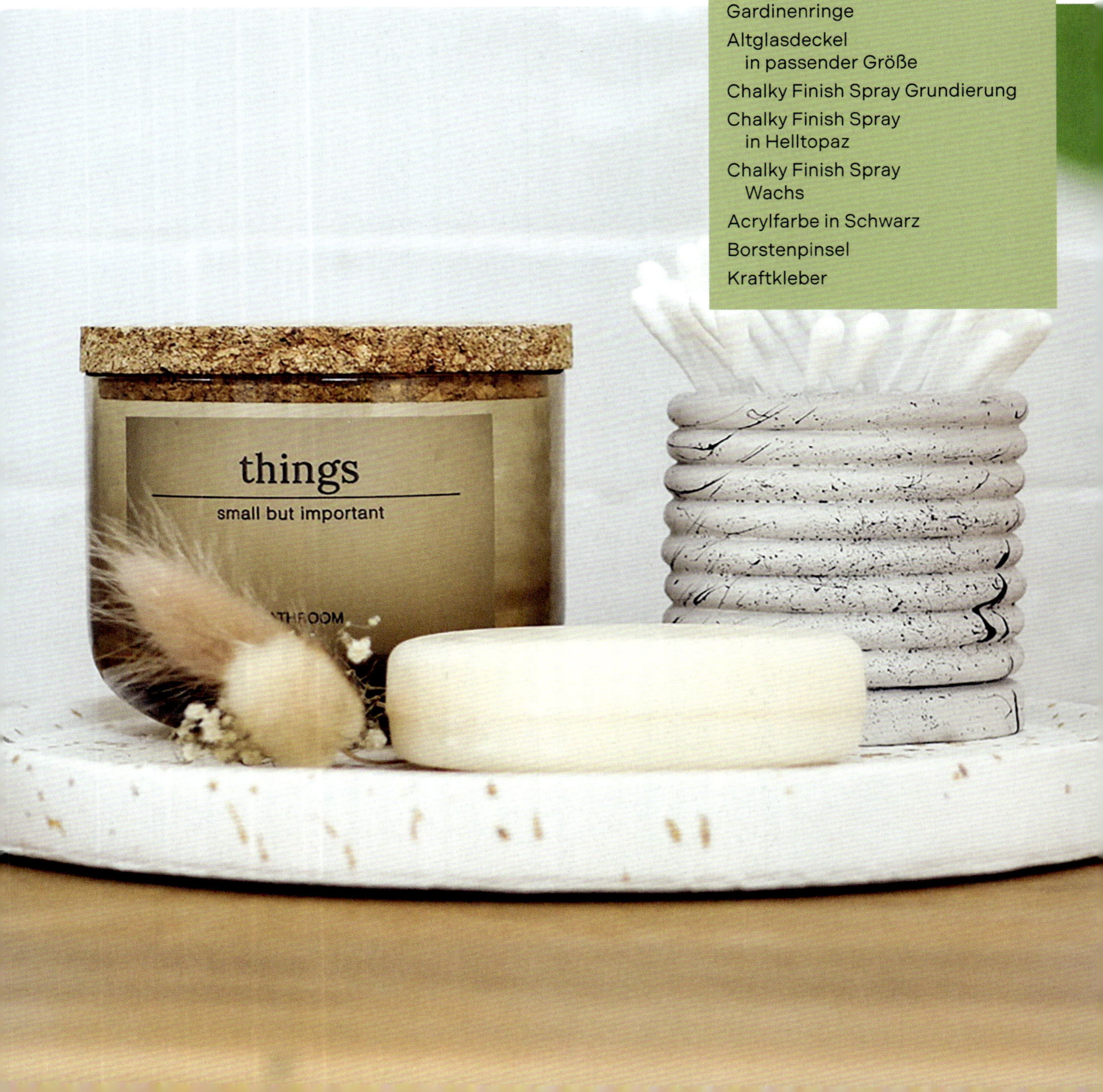

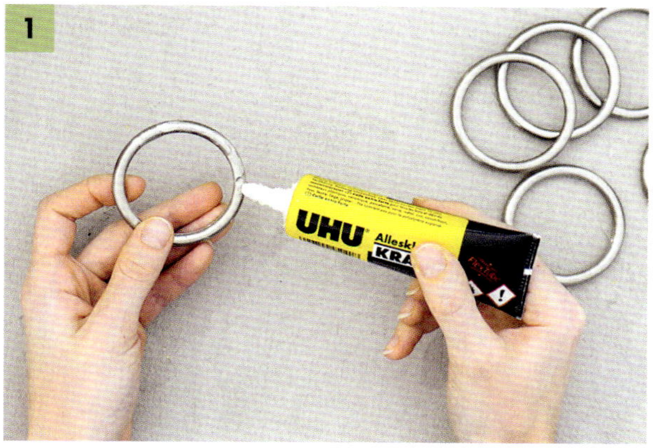

1. Den ersten Gardinenring mit Kraftkleber auf den Deckel kleben. Anschließend alle weiteren Gardinenringe aufkleben, bis die gewünschte Höhe erreicht ist. Überschüssigen Kleber mit einem Tuch entfernen und aushärten lassen.

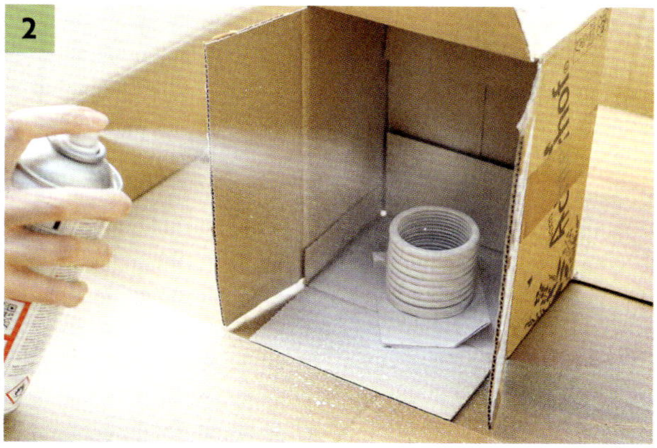

2. Utensilo erst grundieren, dann lackieren und versiegeln. Dabei die Anweisungen auf der Dose beachten und zwischen den Schichten trocknen lassen. Am besten im Freien sprühen und den Untergrund gut abdecken. Ein Stück Papier mit einem Eselsohr als Unterlage hilft dabei, das Objekt beim Sprühen einfach zu drehen und so von allen Seiten lackieren zu können.

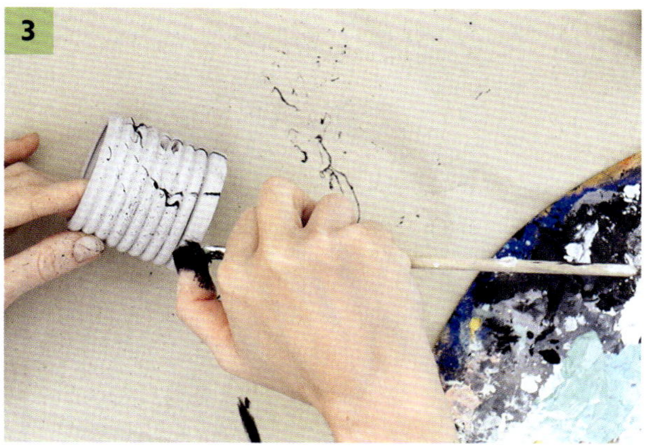

3. Untergrund abdecken und etwas schwarze Acrylfarbe mit einem Borstenpinsel oder einer alten Zahnbürste aufnehmen. Mit dem Finger mit einer schnellen Bewegung darüber streifen, sodass die Farbe auf das Utensilo spritzt. Farbe trocknen lassen.

TABLET- ODER BUCH-HALTERUNG

aus einem Küchenbrett

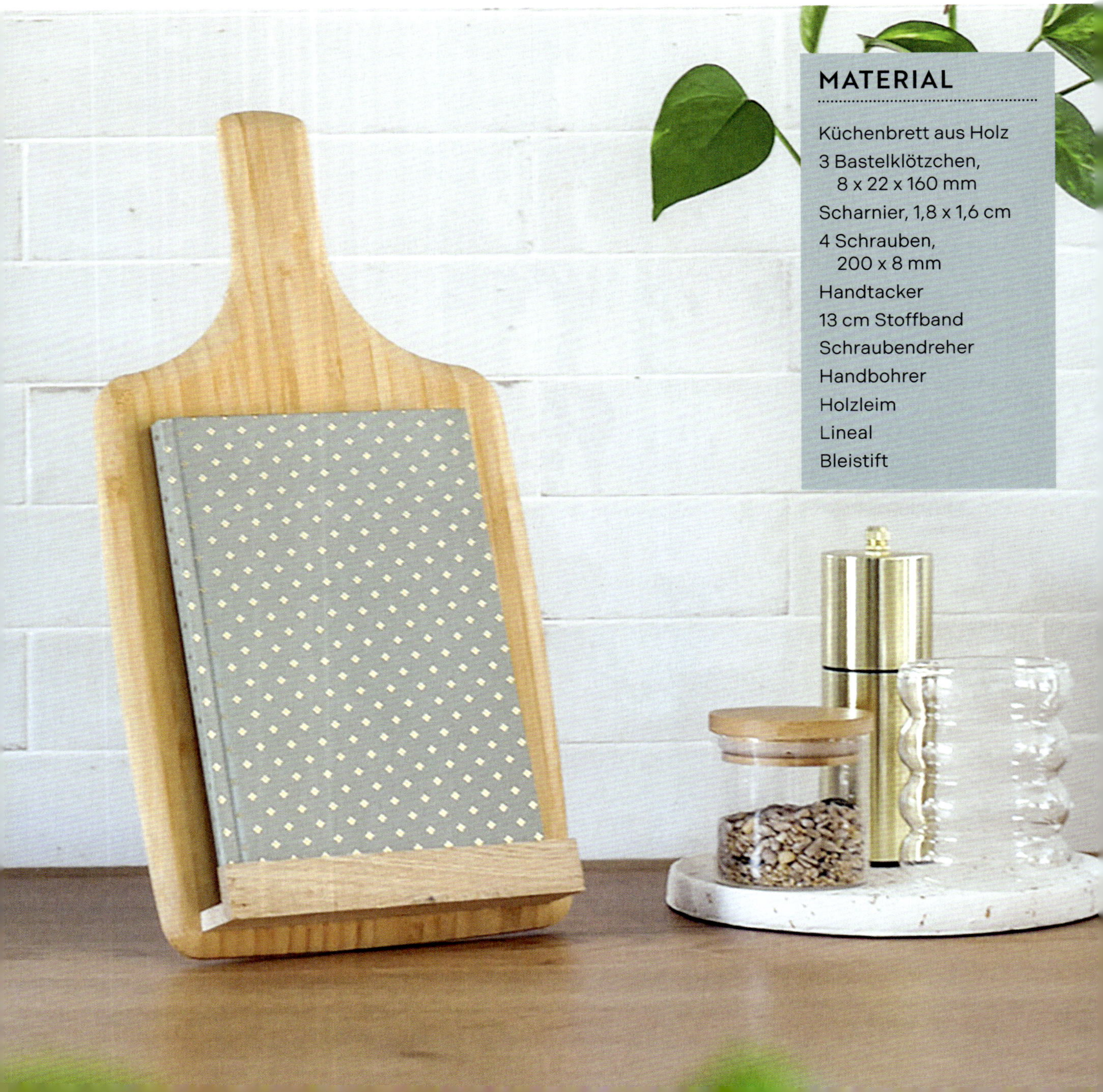

MATERIAL

- Küchenbrett aus Holz
- 3 Bastelklötzchen, 8 x 22 x 160 mm
- Scharnier, 1,8 x 1,6 cm
- 4 Schrauben, 200 x 8 mm
- Handtacker
- 13 cm Stoffband
- Schraubendreher
- Handbohrer
- Holzleim
- Lineal
- Bleistift

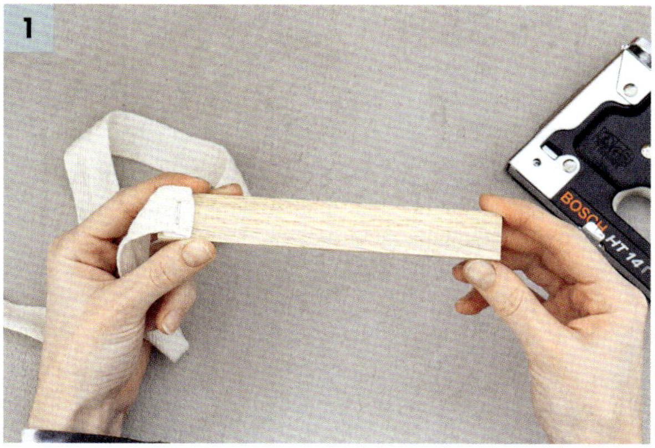

1. Ein robustes Stoffband mit 13 cm Länge mit dem Handtacker auf die kurze Seite eines Bastelklötzchens tackern. Für bessere Stabilität das Band am Ende doppelt nehmen. Darauf achten, dass die Tackernadeln nicht zu lang für das Holz sind. Je länger das Band, desto größer ist der spätere Neigungswinkel des Tablet-Halters.

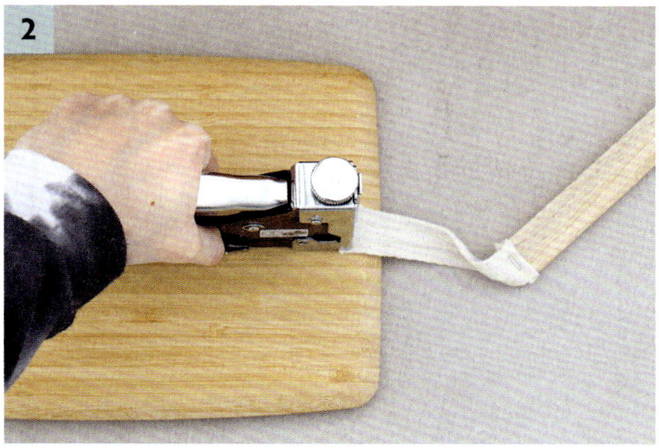

2. Mit dem Lineal auf der Rückseite die Mitte des Brettes ausmessen und mit Bleistift eine Linie ziehen. Das andere Ende des Stoffbandes ebenfalls am Ende doppelt nehmen und mit dem Handtacker unten am Brett mittig befestigen.

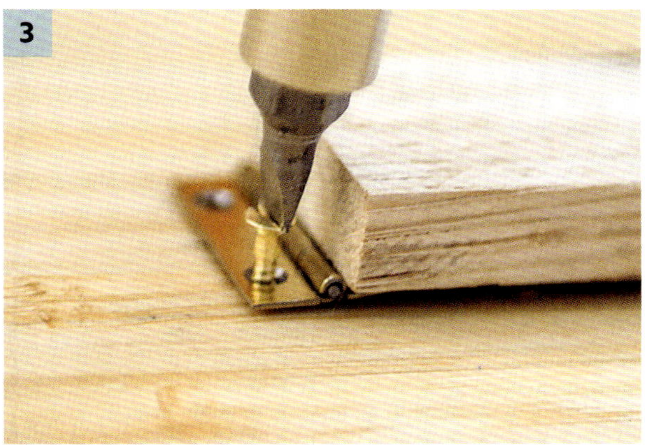

3. Das Scharnier mit den Schrauben erst am anderen Ende des Bastelklötzchens und dann etwa 15 cm über der unteren Kante am Küchenbrett befestigen. Gegebenenfalls mit einem dünnen Handbohrer vorbohren, um das Eindrehen der Schrauben zu erleichtern.

Fortsetzung Seite 36

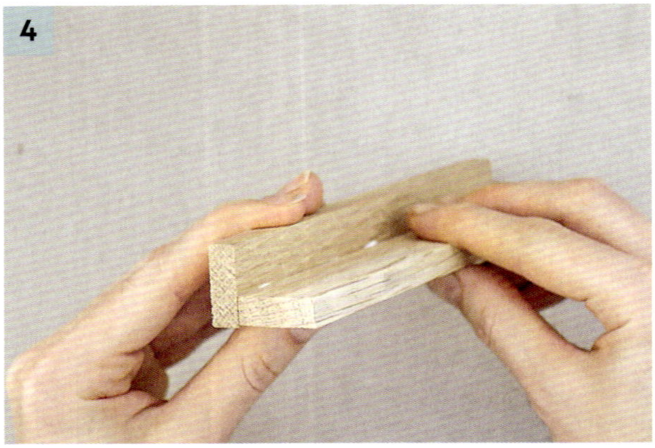

4. Zwei Klötzchen mit Holzleim miteinander verbinden, sodass die schmale Kante des einen Klötzchens auf der breiteren Fläche des anderen liegt. Leim trocknen lassen.

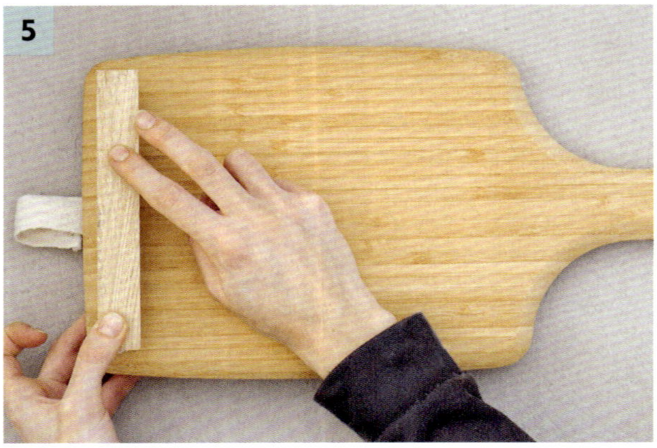

5. Verleimte Klötzchen auf der Vorderseite des Brettes ebenfalls mit Holzleim anbringen, sodass eine Ablage entsteht. Leim trocknen lassen.

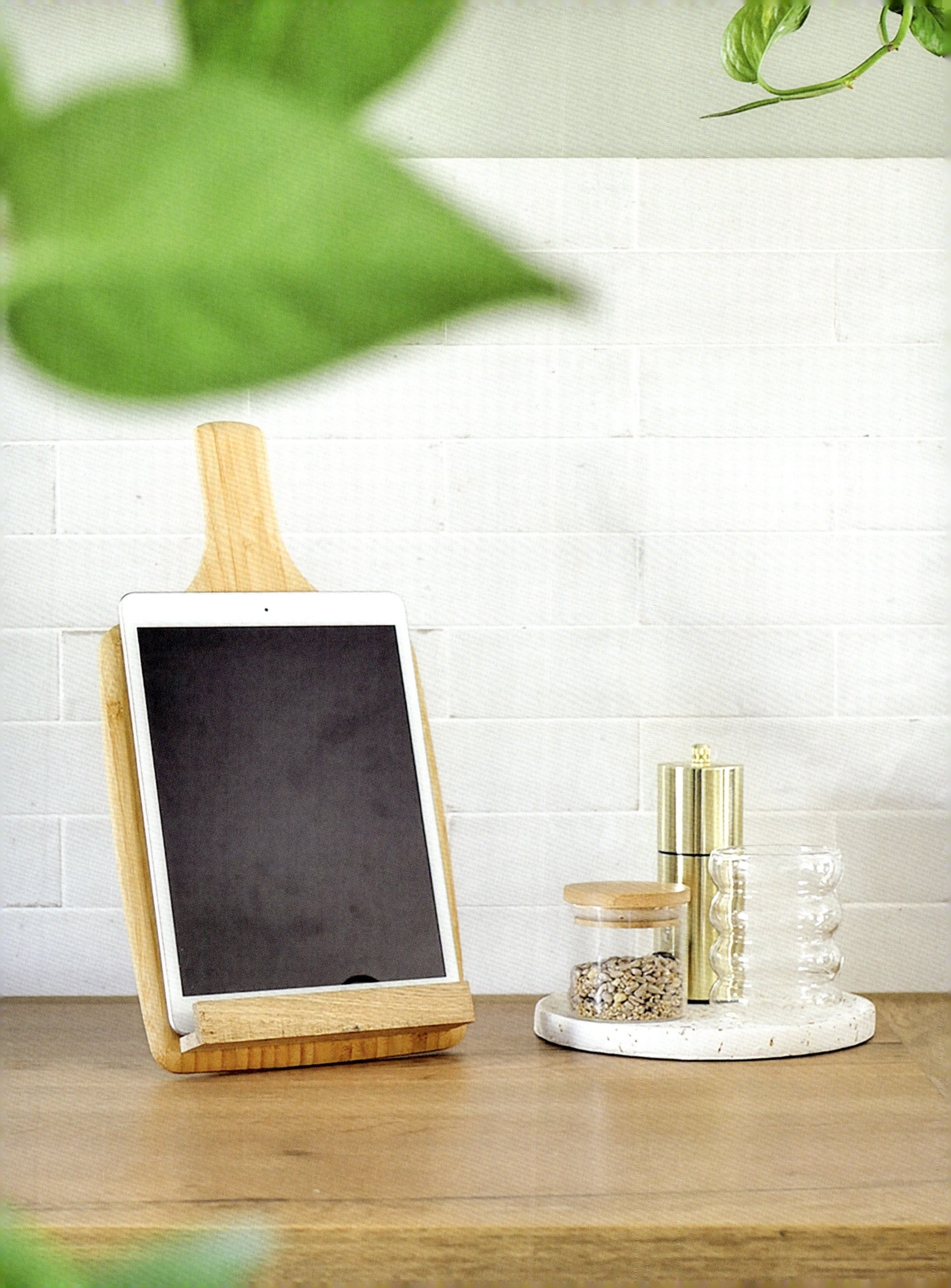

MATERIAL

- Tablett
- Schleifpapier, 240er-Körnung
- Tafelfarbe
- Jutekordel, ø 9 mm
- Kreide oder Kreidestift
- Heißkleber
- Schere

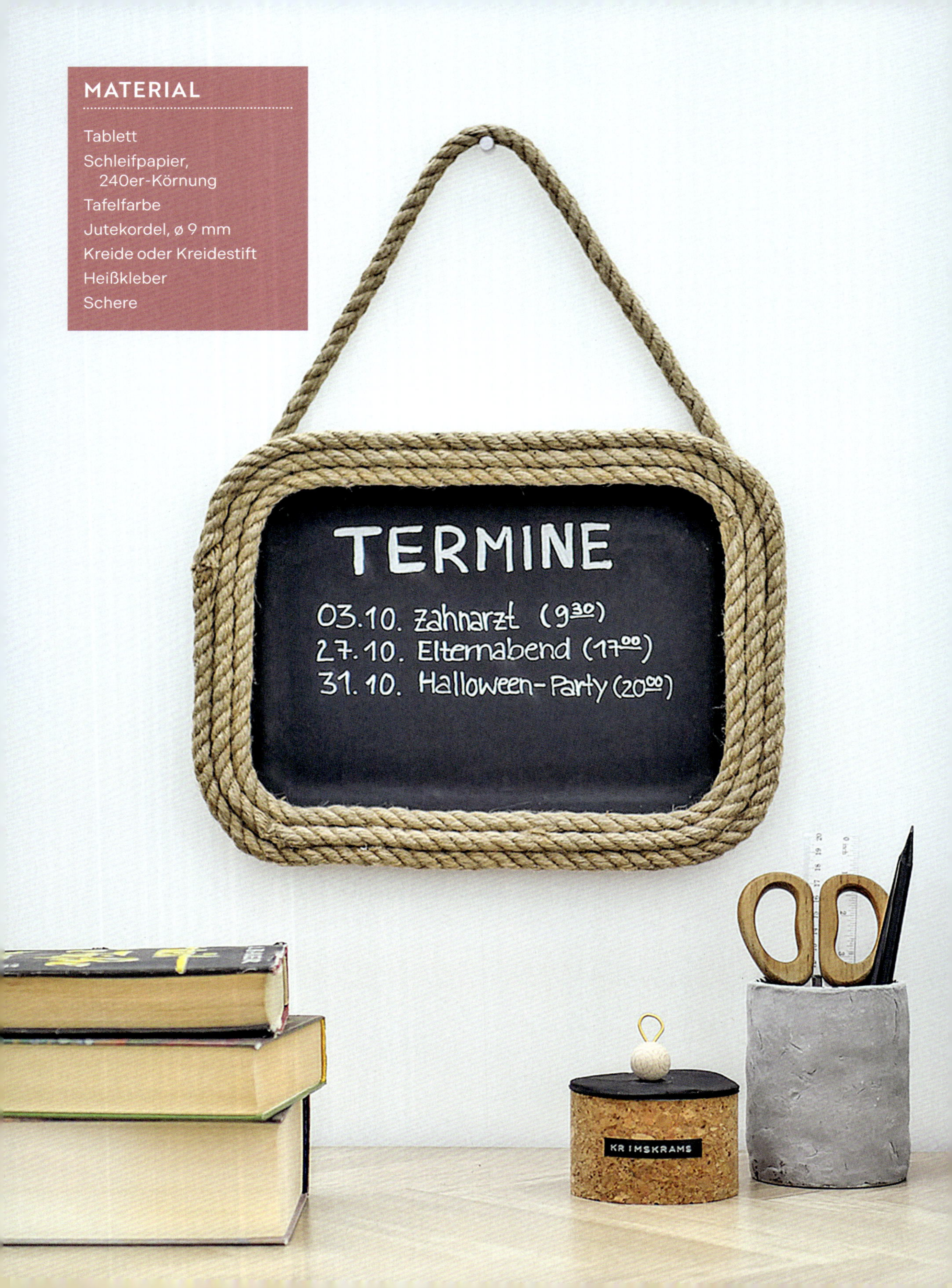

TAFEL

aus einem Tablett

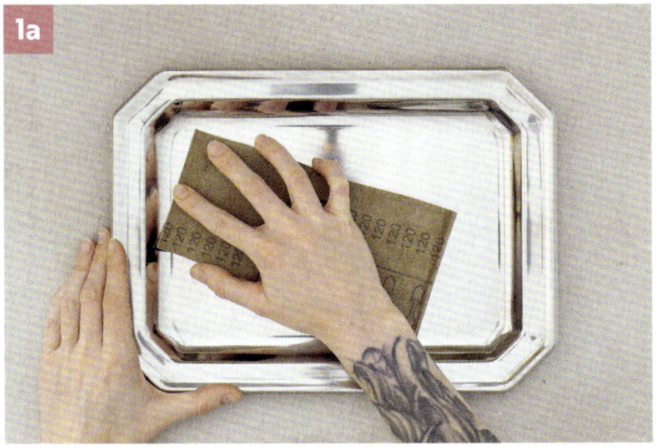
1a

1. Innenfläche des Tabletts mit Schleifpapier anrauen und reinigen. Anschließend mit einem breiten Pinsel Tafelfarbe auftragen und trocknen lassen.

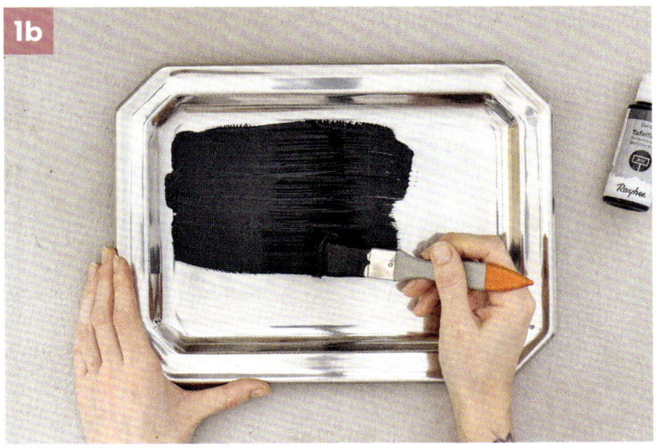
1b

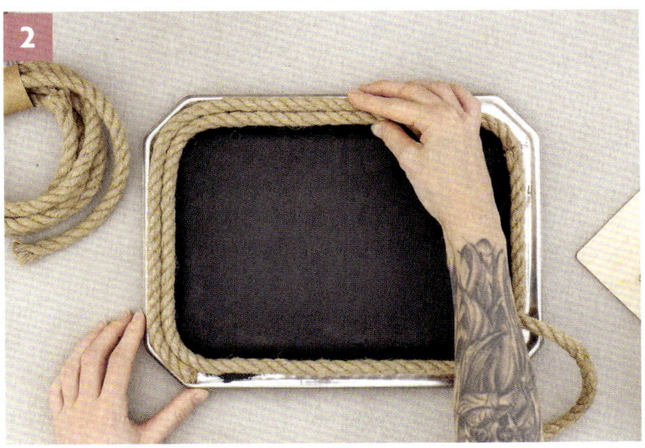
2

2. Jutekordel mit Heißkleber auf den Rand des Tabletts kleben, bis der gesamte Rand verkleidet ist. Die Kordel nach jeder Reihe abschneiden und eine neue Reihe ansetzen.

Fortsetzung Seite 40

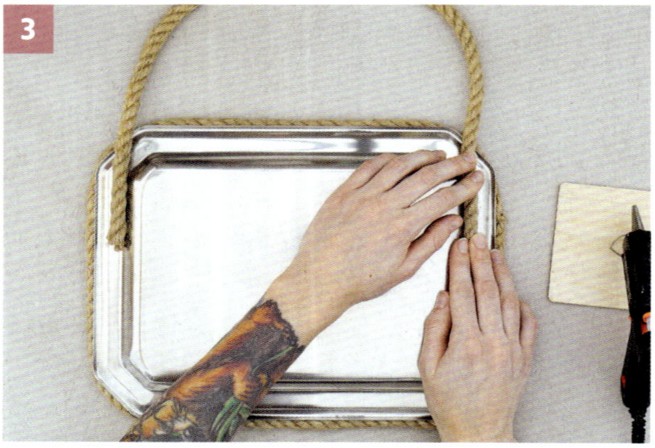

3. Jutekordel in Wunschlänge zuschneiden und die beiden Kordelenden auf die Rückseite des Tabletts kleben, um eine Aufhängung zu kreieren.

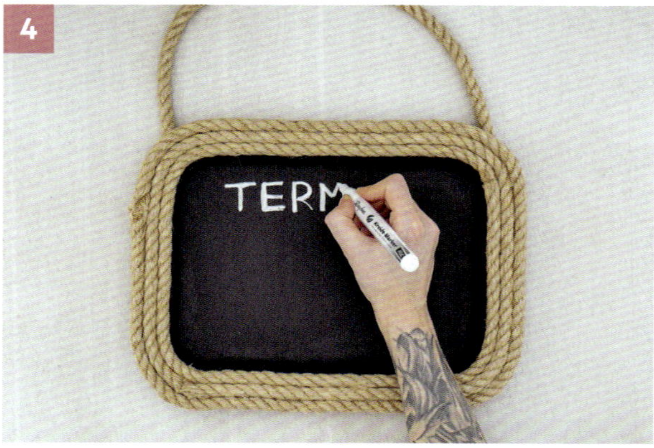

4. Tafel nach Wunsch mit Kreide oder einem Kreidestift beschriften.

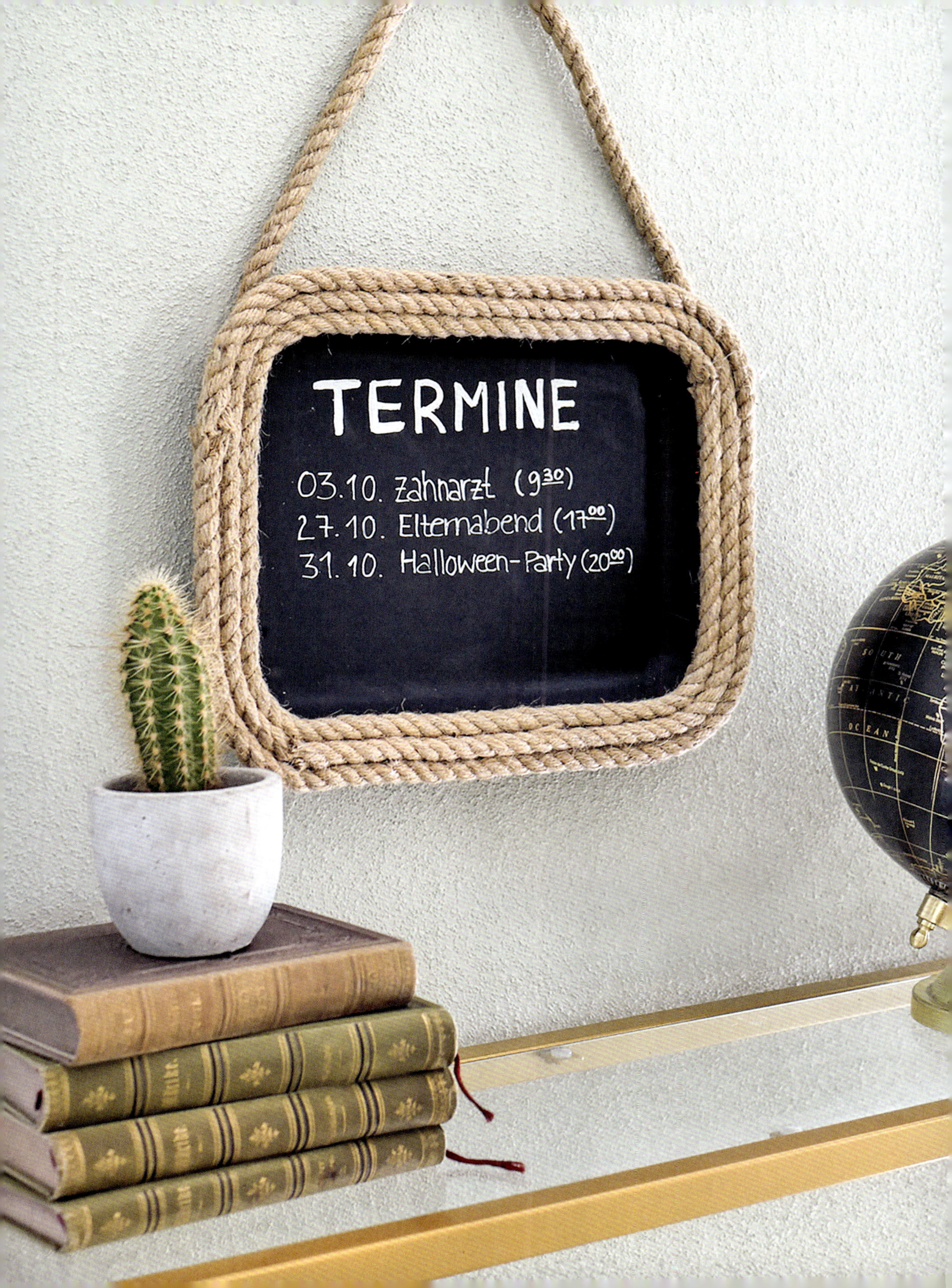
TERMINE
03.10. Zahnarzt (9.30)
27.10. Elternabend (17.00)
31.10. Halloween-Party (20.00)

AUFBEWAHRUNGS-GLÄSER

aus Altglas und Spielfiguren

MATERIAL

- Altglas
- kleine Spielfigur
- Kraftkleber
- High gloss Metallic Spray in Gold
- Etikettenprägegerät
- Etikettenband in Gold

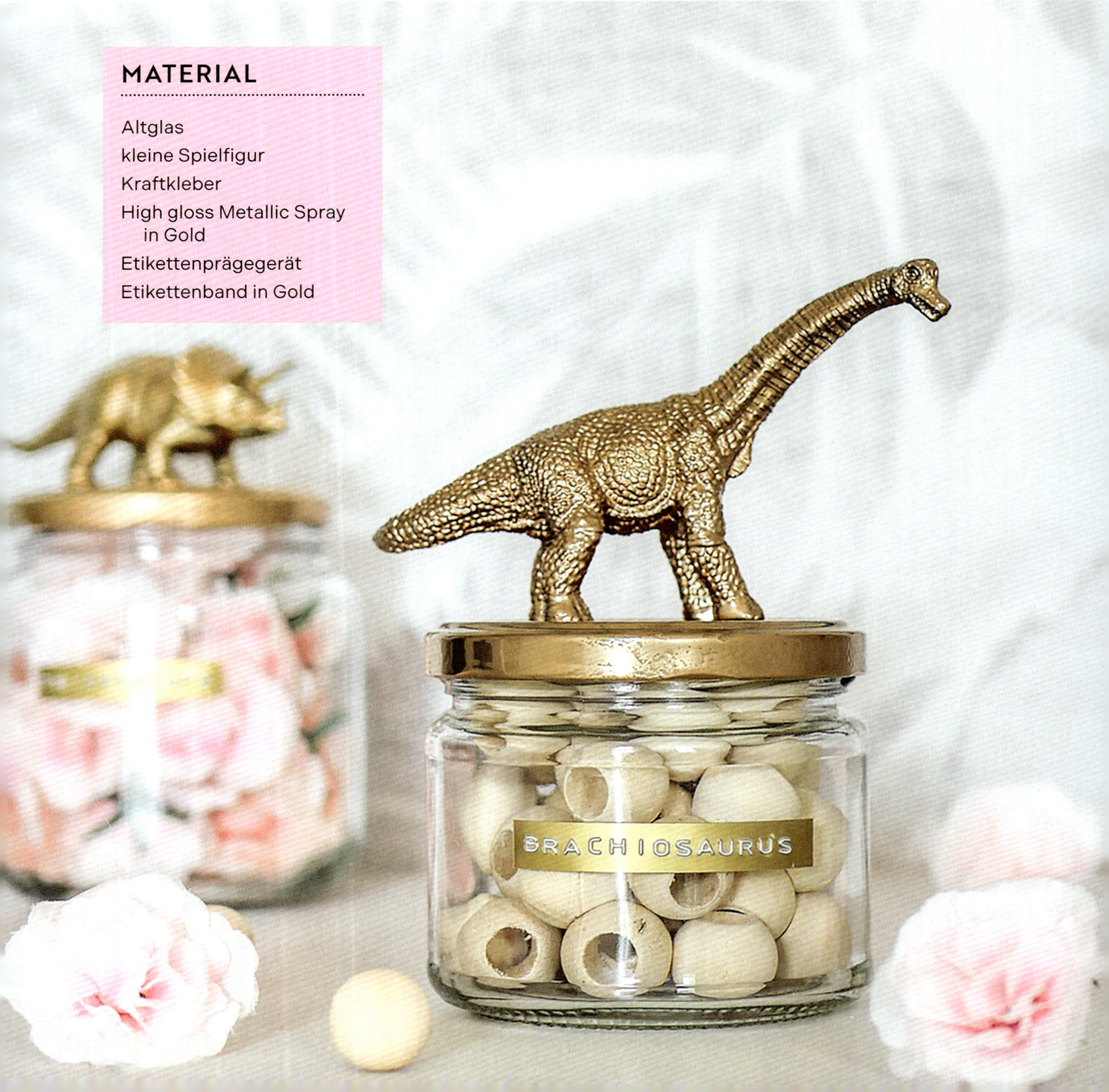

1

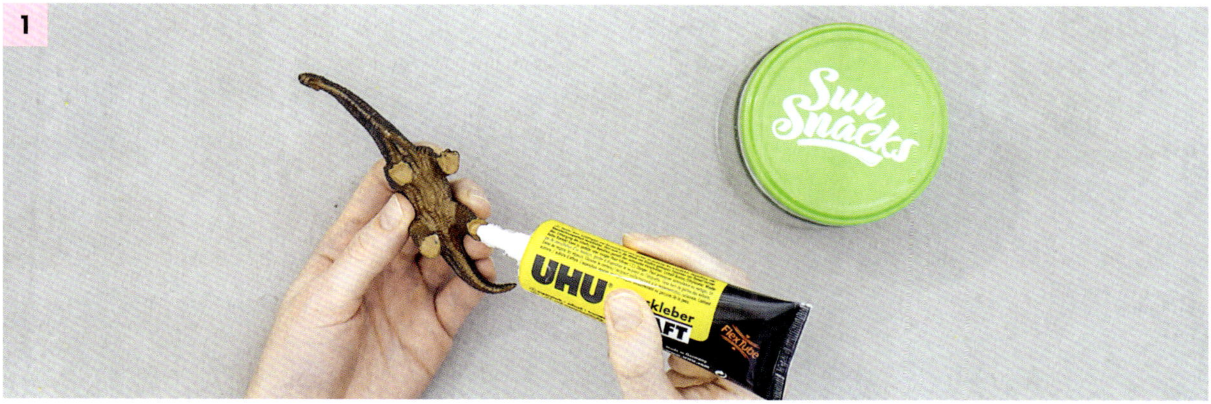

2

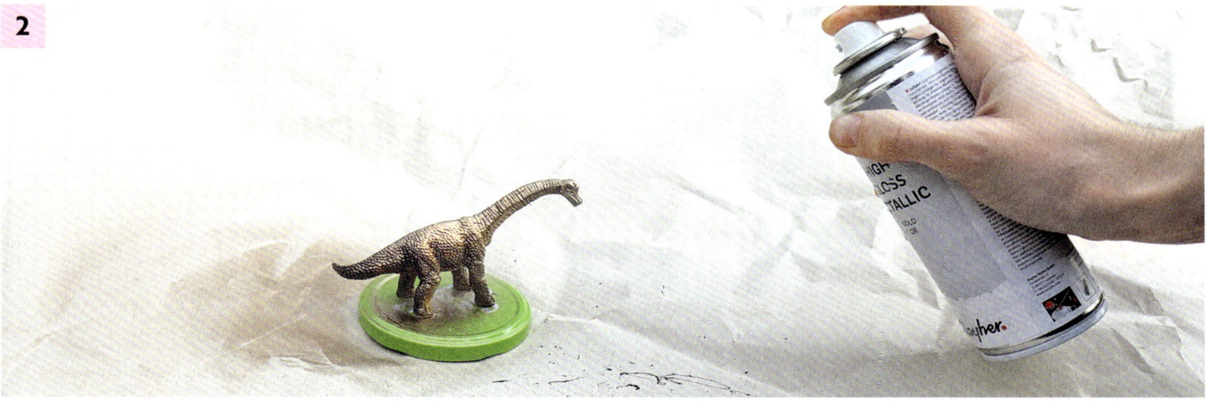

3

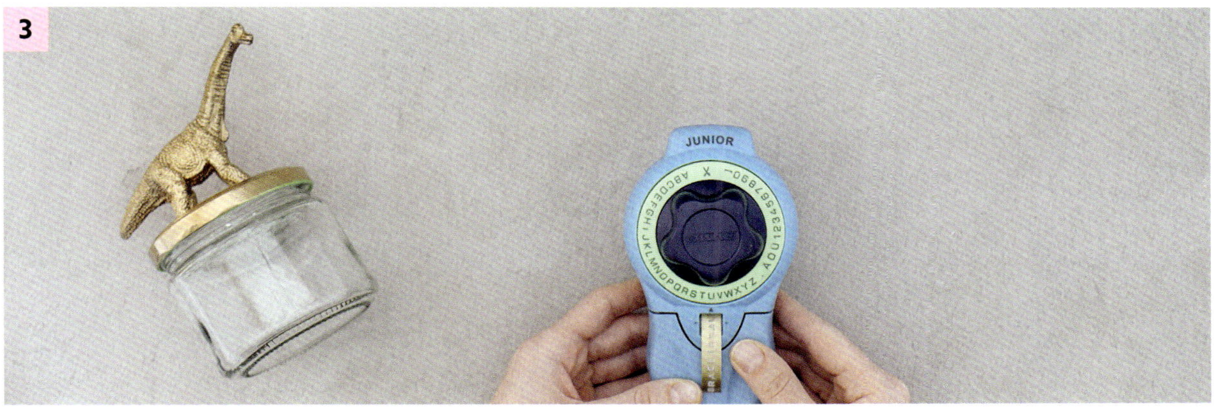

1. Spielfigur mit Kraftkleber auf den Deckel vom Altglas kleben und trocknen lassen.

2. Deckel samt Figur mit dem High Gloss Metallic Spray in Gold lackieren. Dabei die Anweisungen auf der Dose beachten. Falls eine Schicht nicht direkt deckt, nach dem Trocknen eine zweite auftragen. Immer nur im Freien sprühen und den Untergrund gut abdecken. Ein Stück Papier mit einem Eselsohr als Unterlage hilft dabei, das Objekt beim Sprühen einfach zu drehen und so von allen Seiten lackieren zu können.

3. Mit dem Etikettenprägegerät ein Label beschriften, zum Beispiel mit dem Inhalt des Glases oder der Dinosauriergattung, die auf dem Deckel befestigt ist.

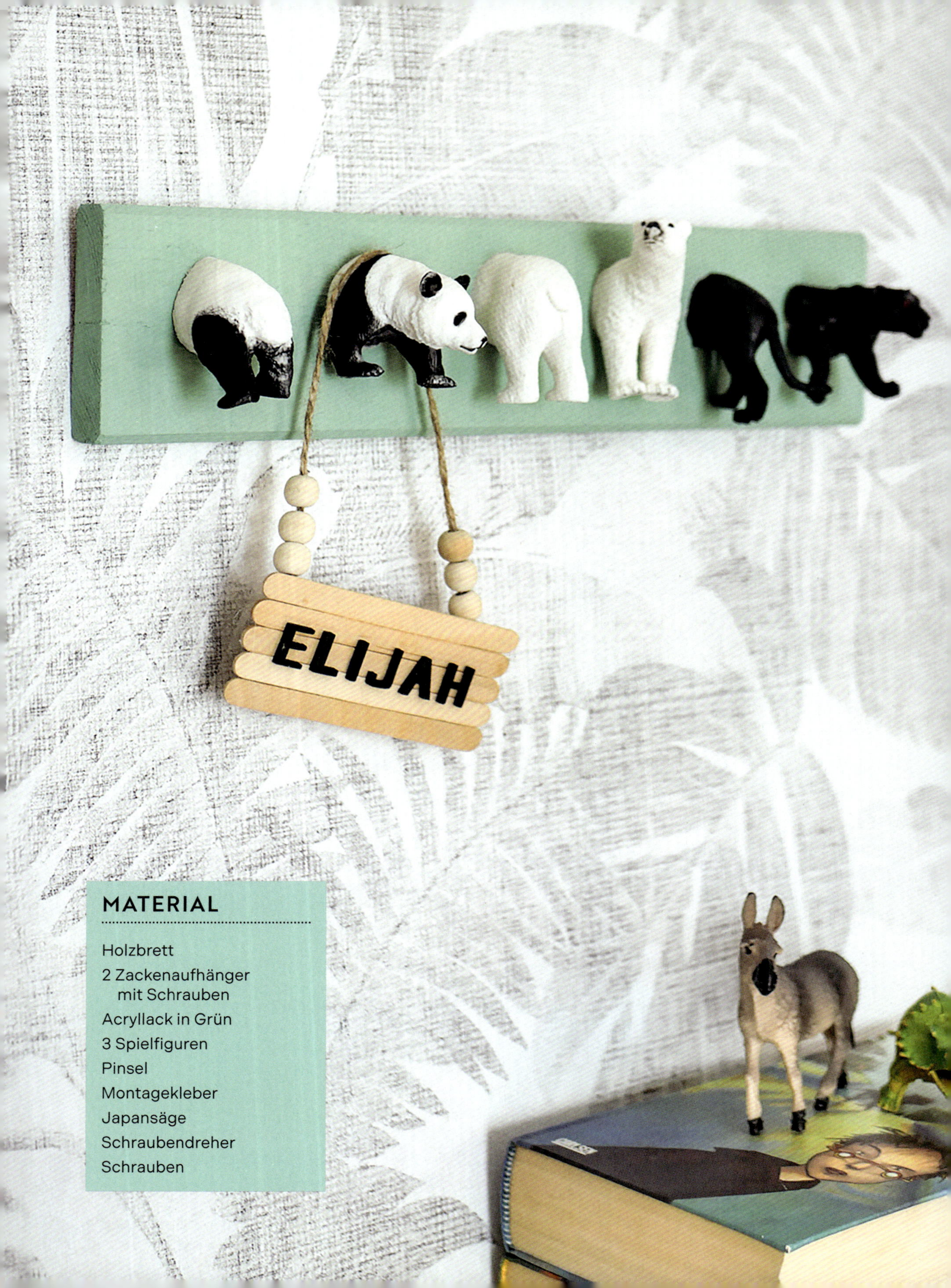

MATERIAL

- Holzbrett
- 2 Zackenaufhänger mit Schrauben
- Acryllack in Grün
- 3 Spielfiguren
- Pinsel
- Montagekleber
- Japansäge
- Schraubendreher
- Schrauben

GARDEROBE

aus Spielfiguren

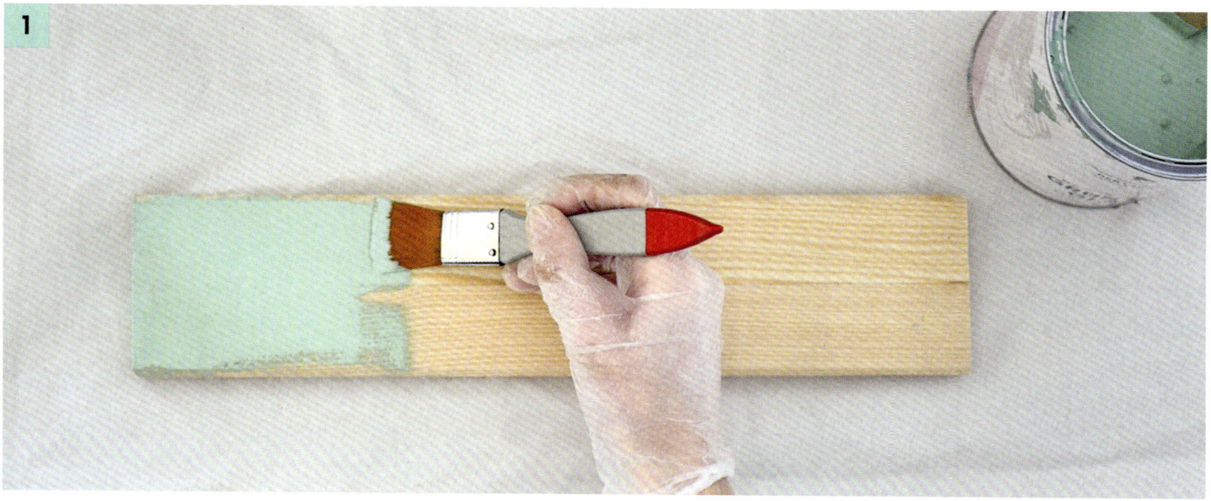

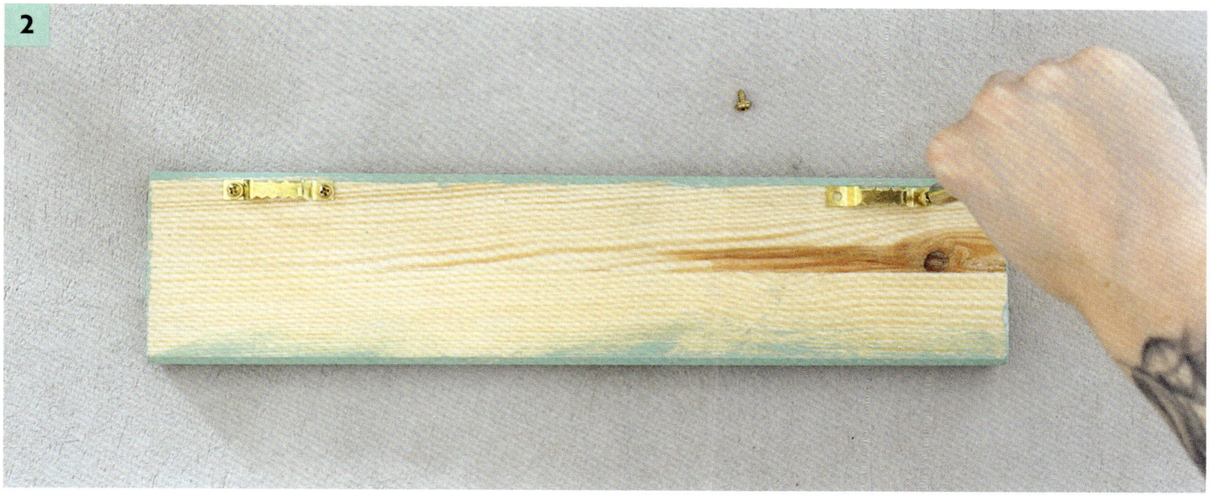

1. Brett im Baumarkt auf Wunschgröße zuschneiden lassen. Es sollte höher sein als die Spielfiguren. Dieser Service ist meist kostenlos. Anschließend in Grün oder der Wunschfarbe lackieren und die Farbe trocknen lassen. Baumärkte mischen Wunschfarbtöne in der Regel individuell an.

2. Zackenaufhänger links und rechts an der oberen Kante des Bretts im gleichen Abstand zum Rand anschrauben. Je nach Holzart gegebenenfalls vorbohren, um das Eindrehen zu erleichtern.

Fortsetzung Seite 46

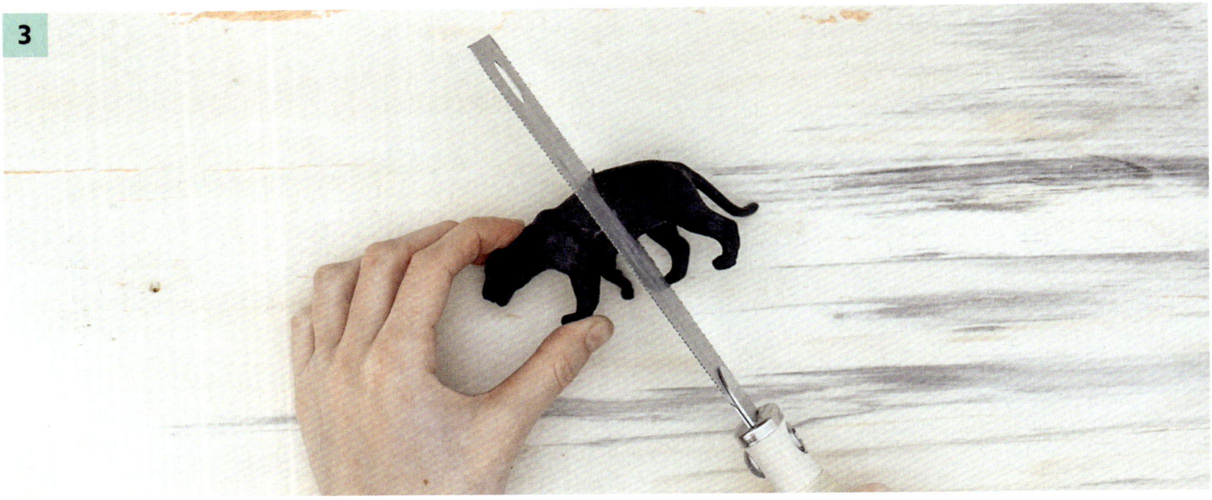

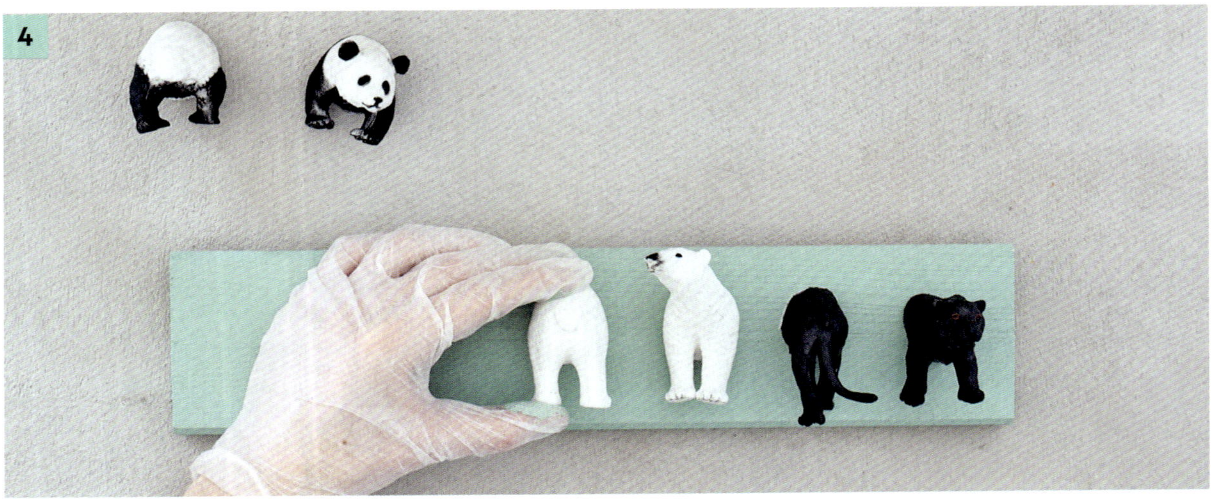

3. Spielfiguren in der Mitte durchsägen. Für einen geraden Schnitt gegebenenfalls eine Gehrungslade zu Hilfe nehmen.

4. Spielfigurenhälften nach Wunsch auf dem Brett anordnen und mit Montagekleber festkleben. Kleber aushärten lassen. Für bessere Stabilität kann zusätzlich von hinten eine Schraube in die Spielfigur gedreht werden. Achtung: Das funktioniert nicht mit hohlen Spielfiguren. Hohle Figuren müssen zuvor zum Beispiel mit Raysin ausgegossen werden, um eine größere Klebefläche zu erhalten und Material für die Schraube zu haben.

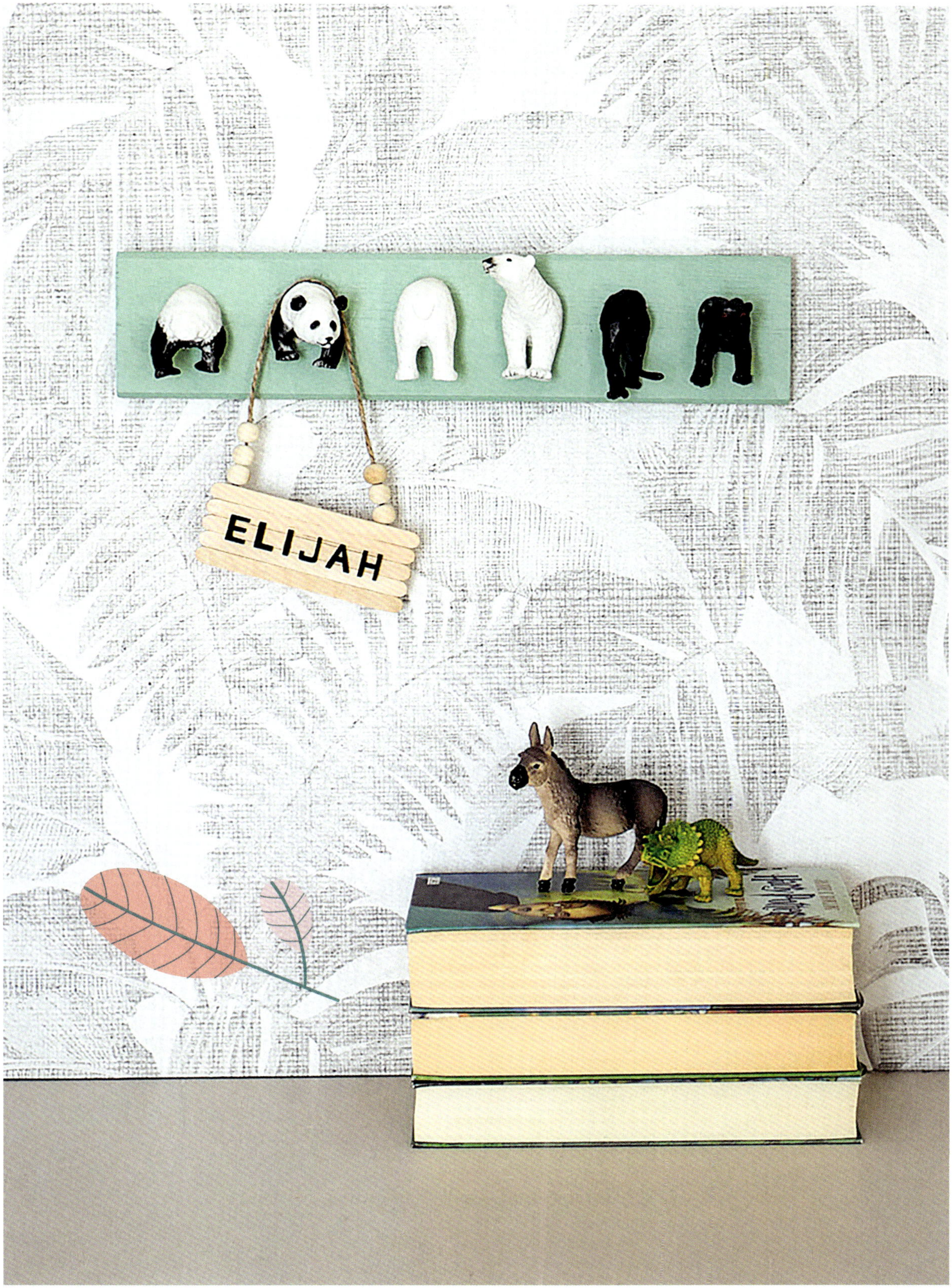
ELIJAH

MÖBELGRIFFE

aus einem Gürtel

MATERIAL

(Kunst-)Ledergürtel
Lochzange
Schlossschraube
Mutter
Schere
Lineal

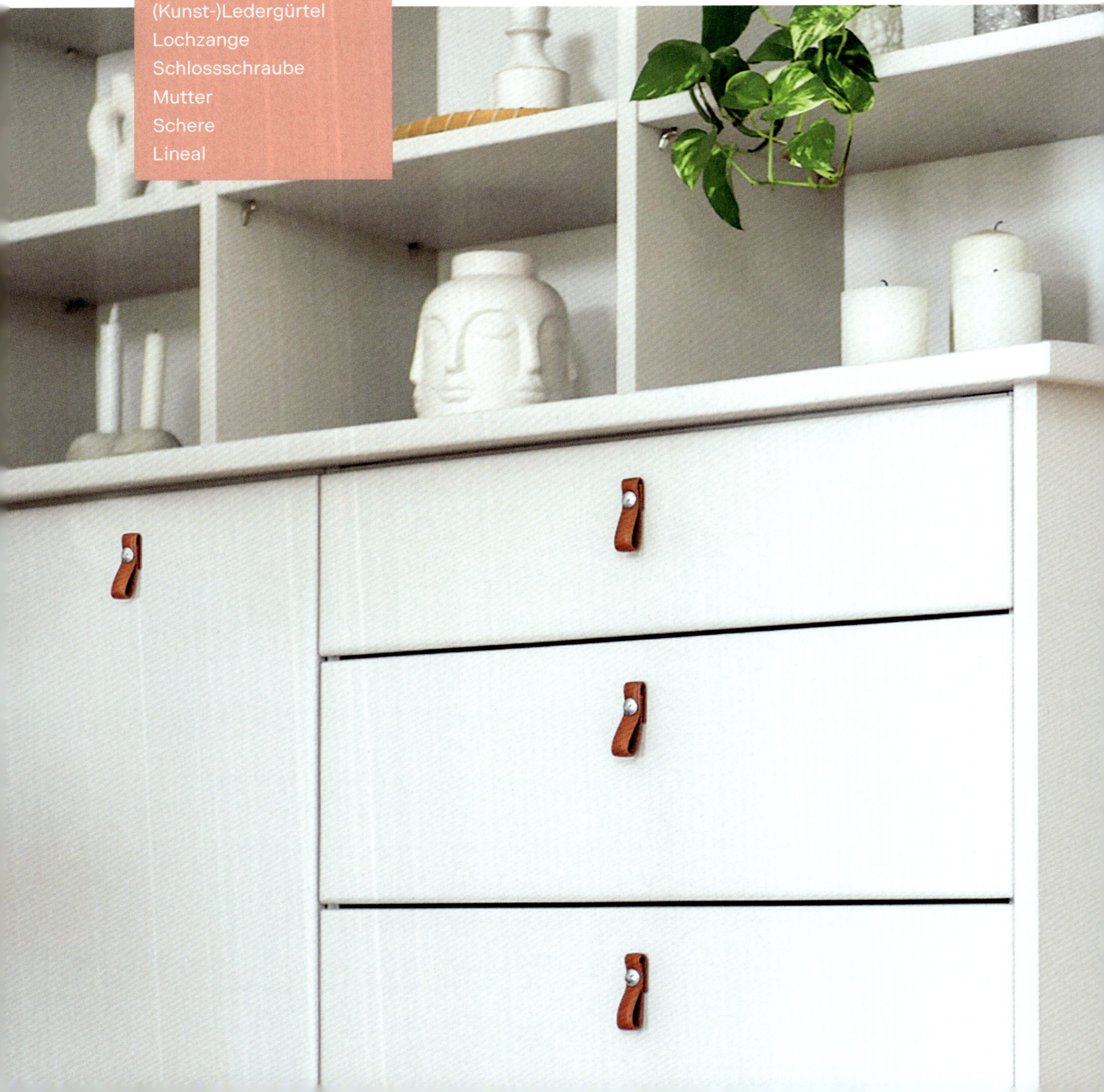

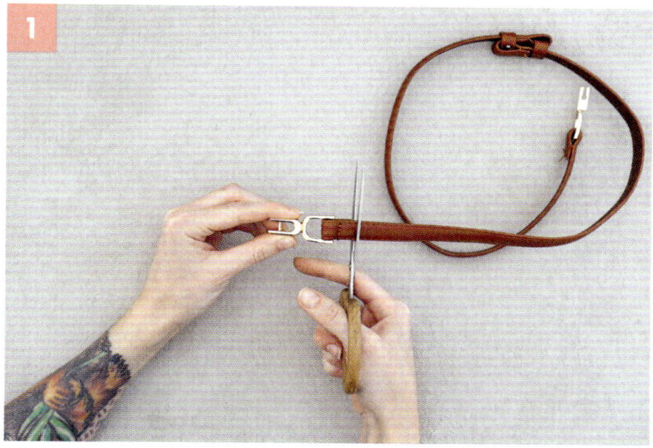

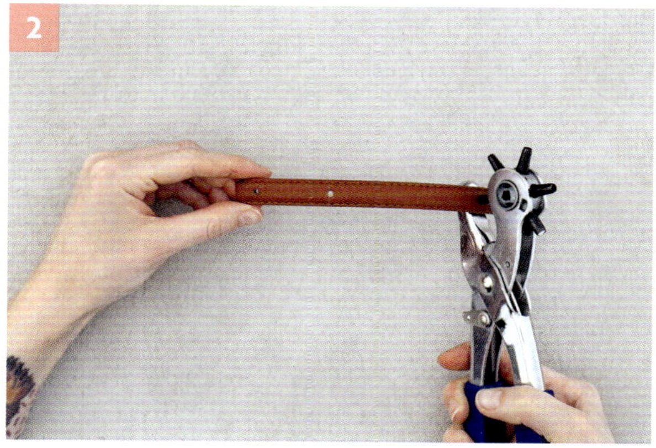

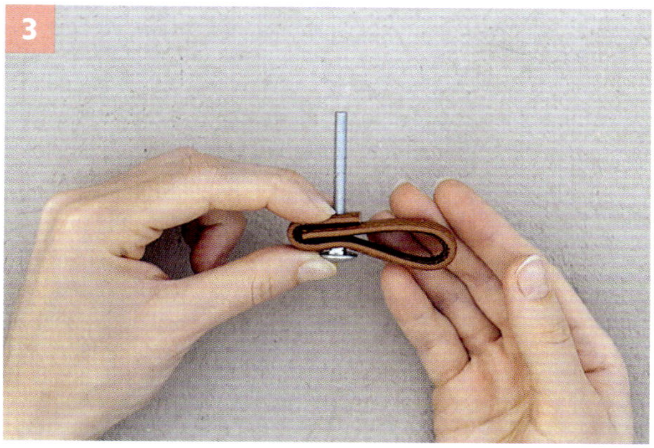

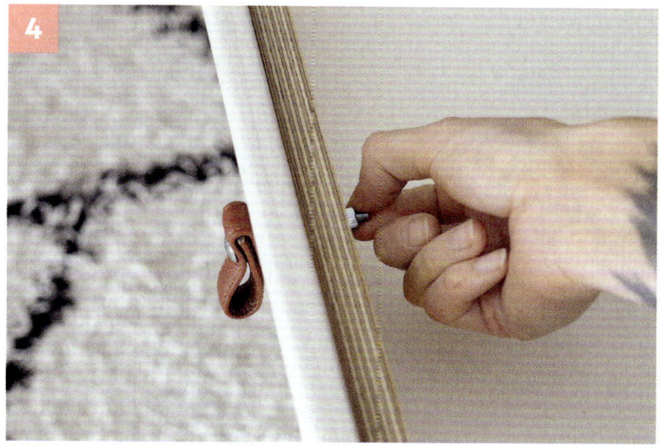

1. Gürtel in 15 cm lange Stücke schneiden und dabei auf rechtwinklige Kanten achten.

2. Mit der Lochstanze auf 1 cm, 9,5 cm und 14 cm Höhe jeweils ein Loch stanzen, das groß genug für eine Schlossschraube ist.

3. Gürtel zweifach umklappen, sodass alle drei Löcher übereinander liegen. Die kurze Seite muss hinten überlappen. Schlossschraube durch die Löcher stecken. Bei der Wahl der Schraube darauf achten, dass sie lang genug für das Möbelstück ist. Die Länge ergibt sich aus der Dicke des Möbelgriffs und der Front des Möbelstücks zuzüglich 1 cm.

4. Griff samt Schraube durch das Loch im Möbelstück stecken und auf der Innenseite mit einer Mutter befestigen.

WANDUHR
aus einer Tarteform

MATERIAL

Tarteform
Epoxidharz
Pigment in Schwarz
Farn
Uhrwerk
Uhrzeiger
Holzzahlen
Holzleim
Becher
Spatel
Pinzette
Bohrmaschine
Handschuhe

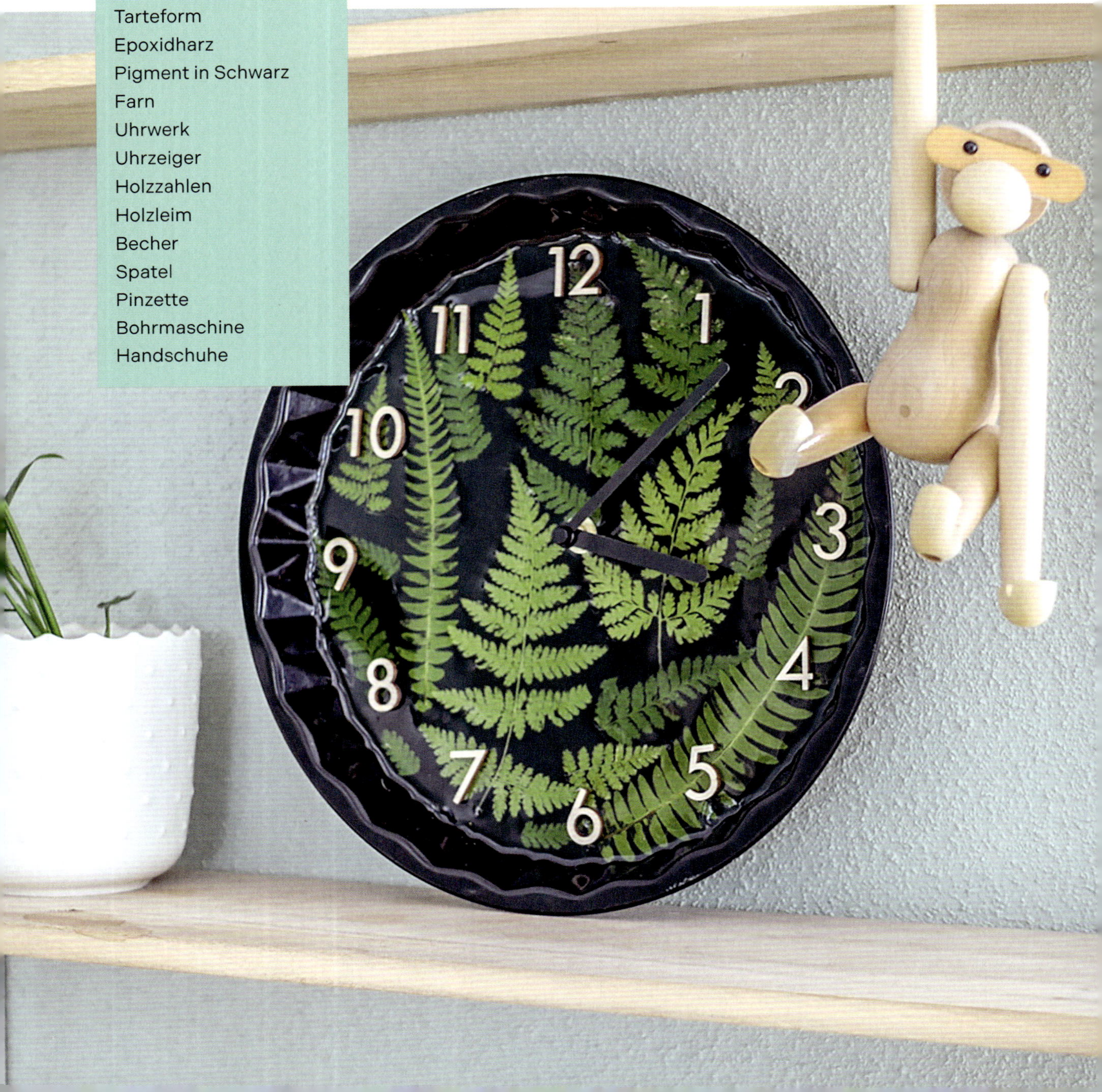

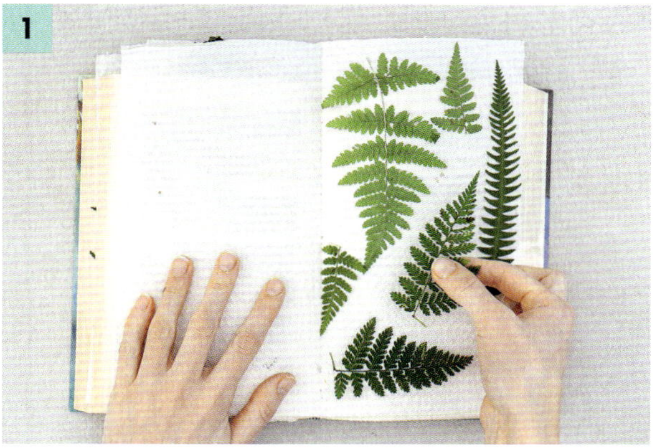

1. Farn im Wald sammeln. Farn zwischen einem gefalteten Blatt Küchenrolle in ein dickes Buch legen. Buch zum Beispiel mit anderen Büchern beschweren. Farn ein bis zwei Wochen trocknen lassen. Alternativ kann auch eine Blumenpresse verwendet werden.

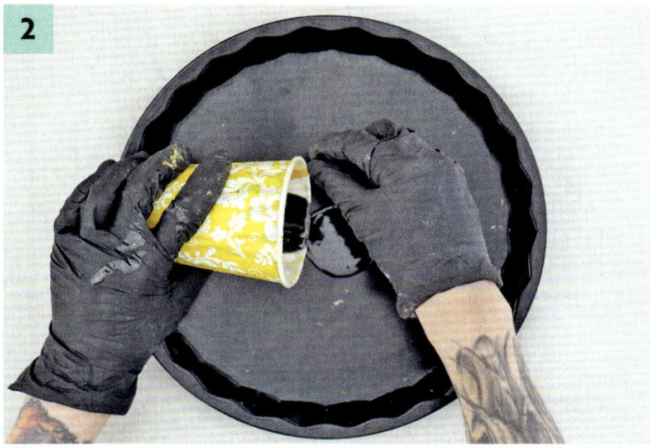

2. Epoxidharz nach Anleitung mit dem Härter mischen. Etwas schwarzes Pigment hinzugeben. Mit einem Spatel zwei Minuten lang gründlich verrühren und vorsichtig in die Form gießen. Die Menge variiert je nach Größe der Tarteform und Mischungsverhältnis von Harz und Härter. Es sollte so viel sein, dass der Boden der Tarteform komplett bedeckt ist. Das schwarze Epoxidharz verdeckt so nun etwaige Kratzer auf dem Boden der Form. Harz gänzlich aushärten lassen. Beim Arbeiten mit Epoxidharz die Hinweise aus dem Kapitel »Material und Tipps« beachten.

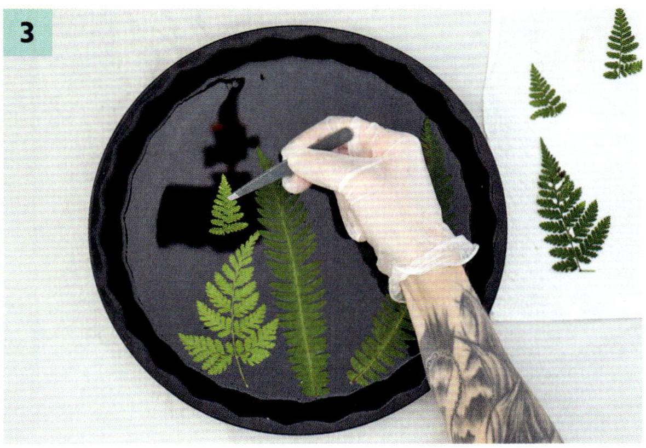

3. Epoxidharz mit Härter mischen und in die Tarteform geben. Farn mit einer Pinzette auf das Harz legen. Harz aushärten lassen und anschließend eine zweite Schicht transparentes Epoxidharz anmischen und eingießen, sodass der Farn vollständig bedeckt ist. Ebenfalls aushärten lassen.

Fortsetzung Seite 52

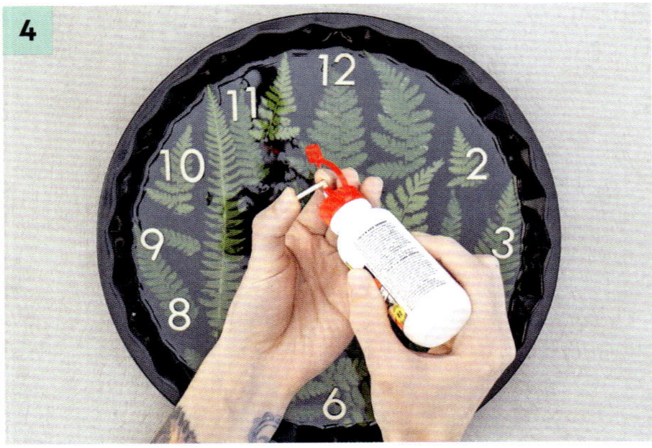

4. Holzbuchstaben probeweise auf der Tarteform platzieren. Einzeln anheben und mit Holzleim befestigen. Holzleim trocknen lassen.

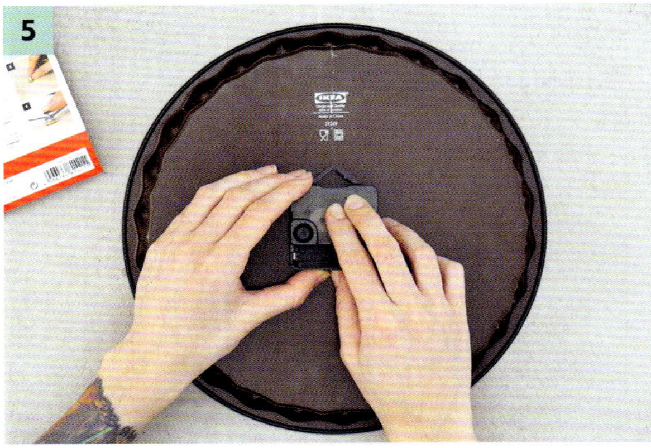

5. Mitte markieren und mit einem 8-mm-Bohraufsatz ein Loch in die Tarteform bohren. Gummischeibe über das Gewinde des Uhrwerks legen. Uhrwerk von hinten durch das Loch drücken. Mit der beiliegenden Unterlegscheibe und Mutter fixieren.

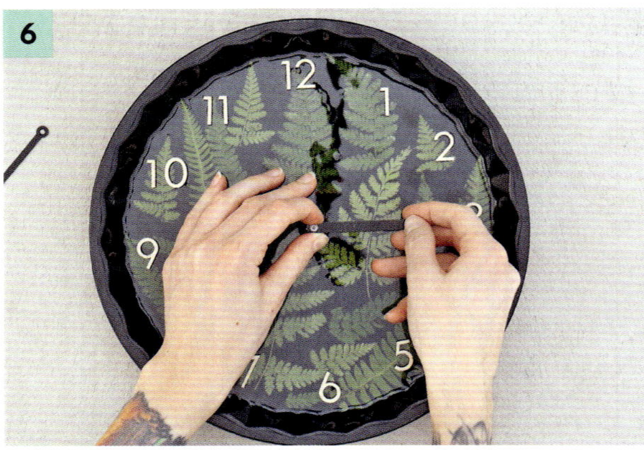

6. Erst den Stundenzeiger, dann den Minutenzeiger auf das Gewinde drücken. Beiliegenden Nippel aufstecken.

Tipp:

Falls der Lack am Rand der Tarteform beschädigt ist, einfach losen Lack mit einem Schleifpapier entfernen und die Oberfläche glätten. Anschließend die komplette Tarteform mit einem Sprühlack im Wunschfarbton einfärben, bevor mit Schritt 2 weitergemacht wird.

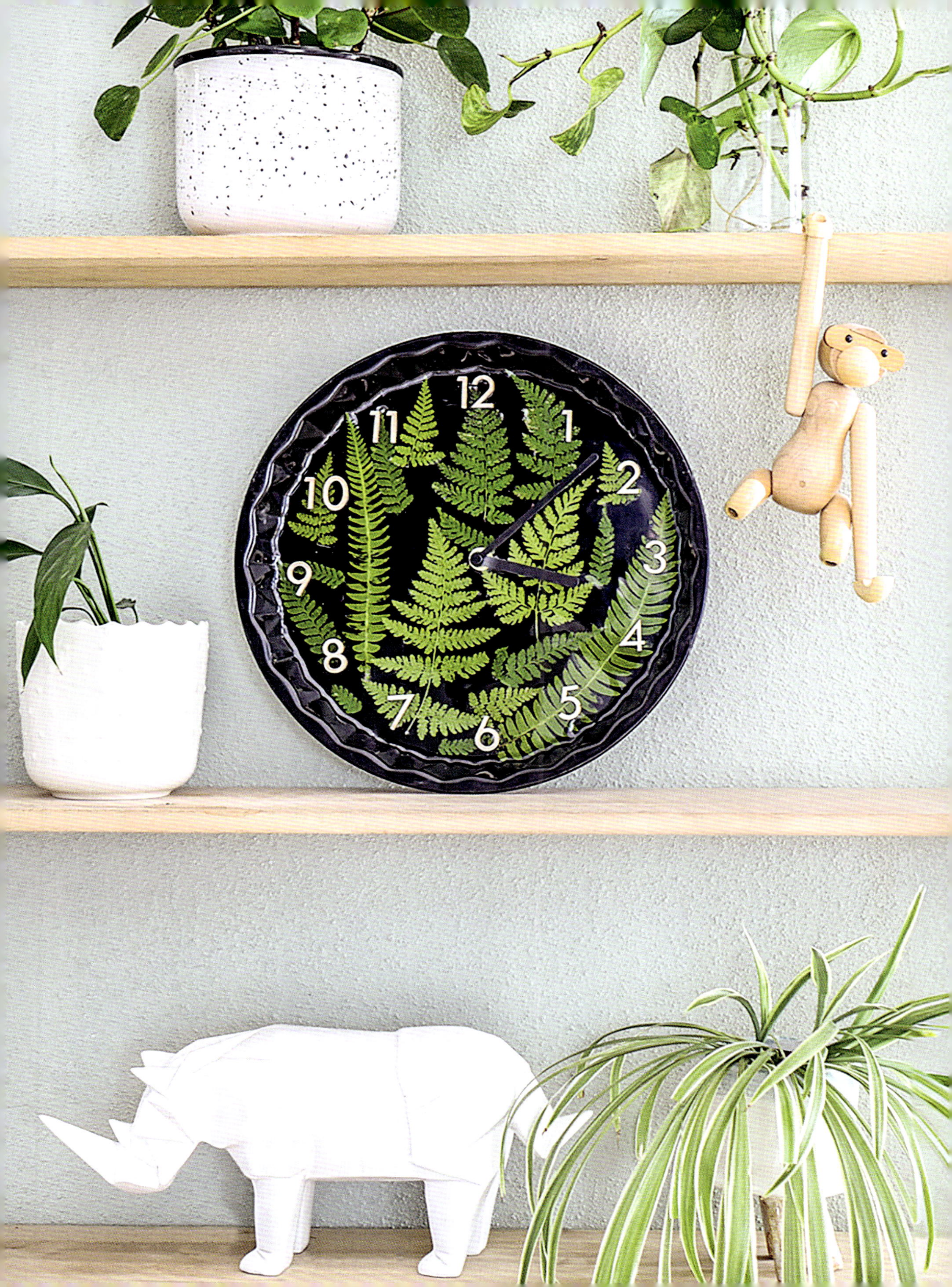

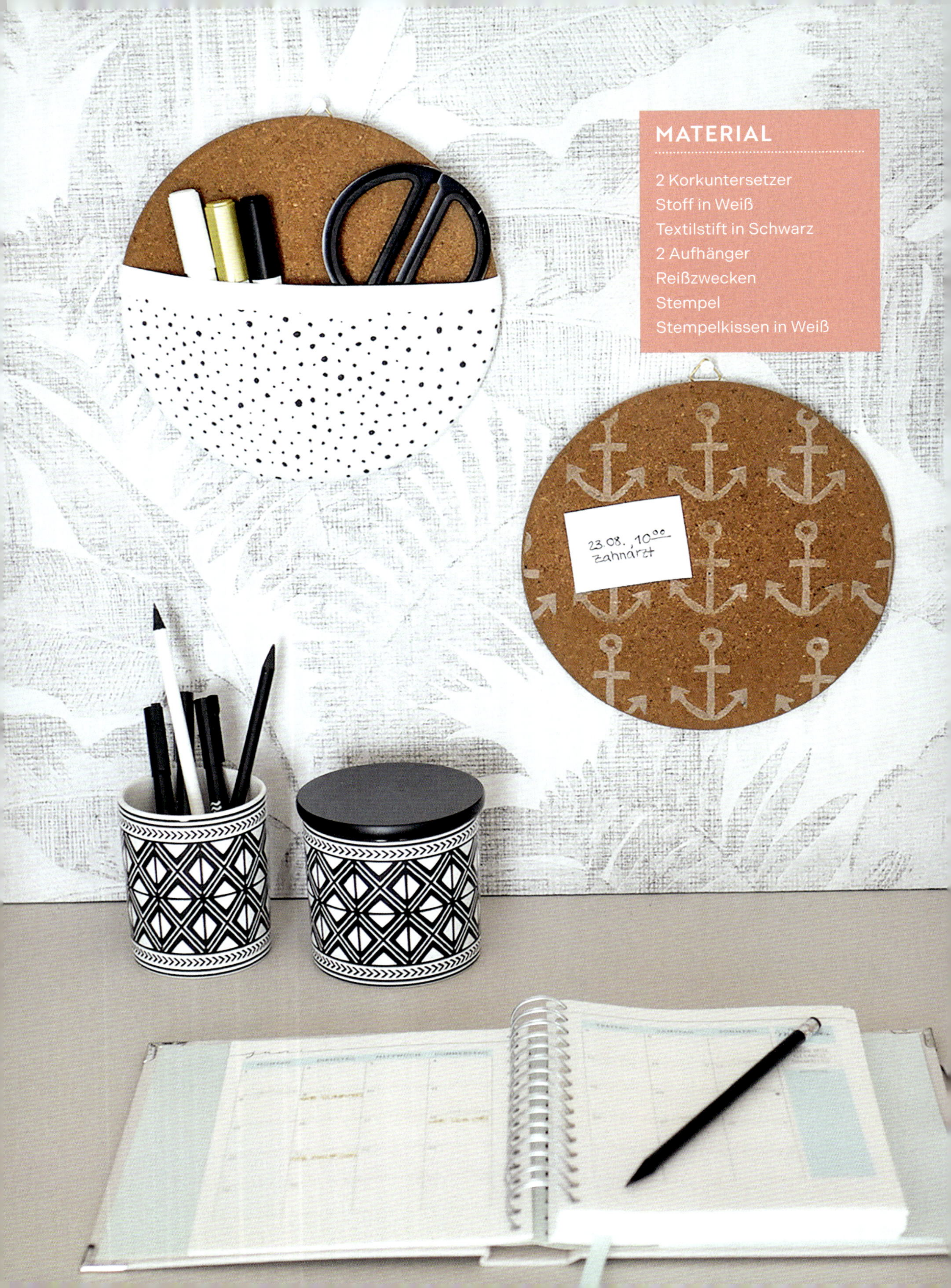

MATERIAL

2 Korkuntersetzer
Stoff in Weiß
Textilstift in Schwarz
2 Aufhänger
Reißzwecken
Stempel
Stempelkissen in Weiß

PINNWAND UND UTENSILO

aus Korkuntersetzern

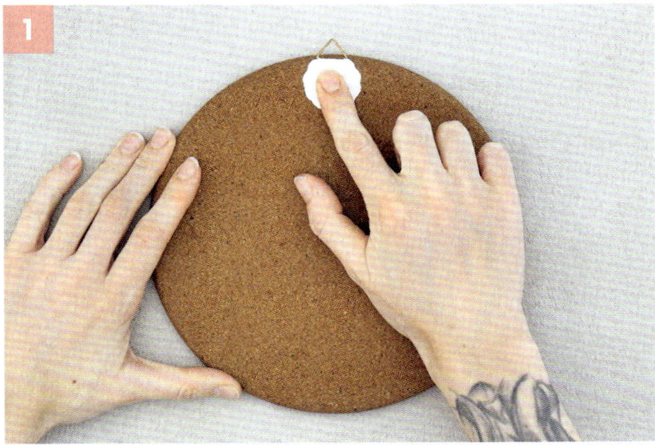

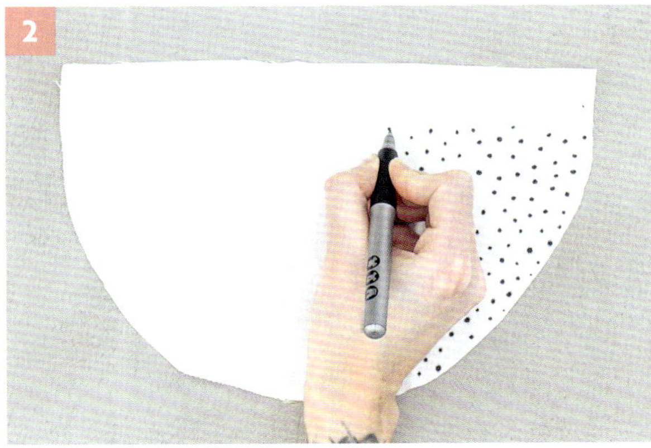

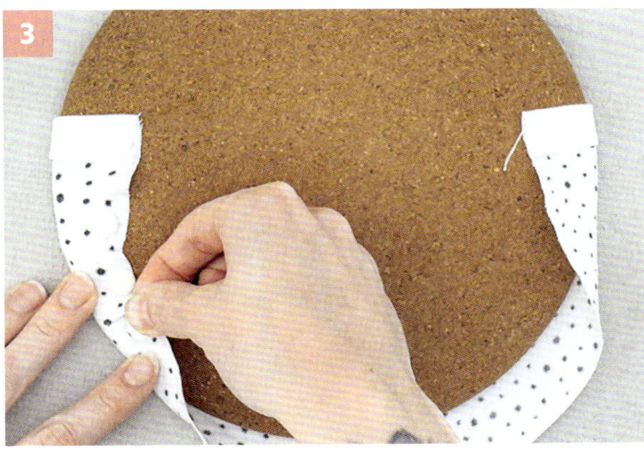

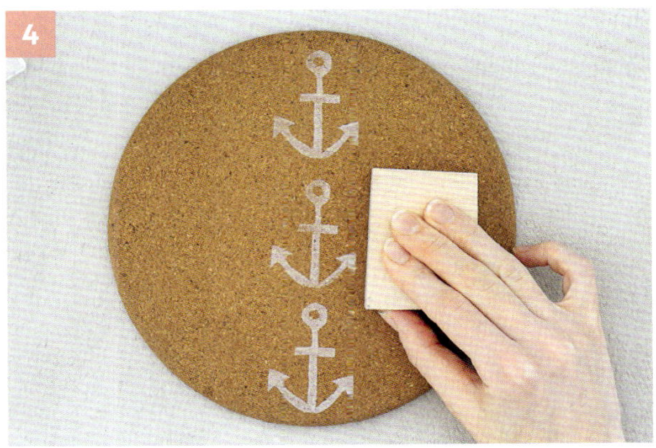

1. Auf die Rückseite beider Untersetzer einen Aufhänger kleben, sodass nur das Dreieck oben hervorguckt.

2. Weißen Stoff in einem Halbkreis zuschneiden, dessen Durchmesser etwa 6 cm größer ist als der des Untersetzers. Mit einem schwarzen Textilstift Punkte auf den Stoff malen und dabei die oberen 4 cm frei lassen.

3. Den Stoff oben zweimal umschlagen, auf einen der beiden Untersetzer legen und von der Rückseite mit Reißzwecken befestigen.

4. Den zweiten Untersetzer mit einem Stempel und einem weißen Stempelkissen bedrucken. Der Stempel kann ebenfalls selbst gemacht werden. Dafür einfach Moosgummi in Wunschform zuschneiden und mit Holzleim auf ein Stück Holz kleben.

VOGELFUTTER-STATION

aus altem Geschirr

MATERIAL

Tasse
Löffel
Kokosfett
Vogelfutter
Speiseöl
Jutekordel

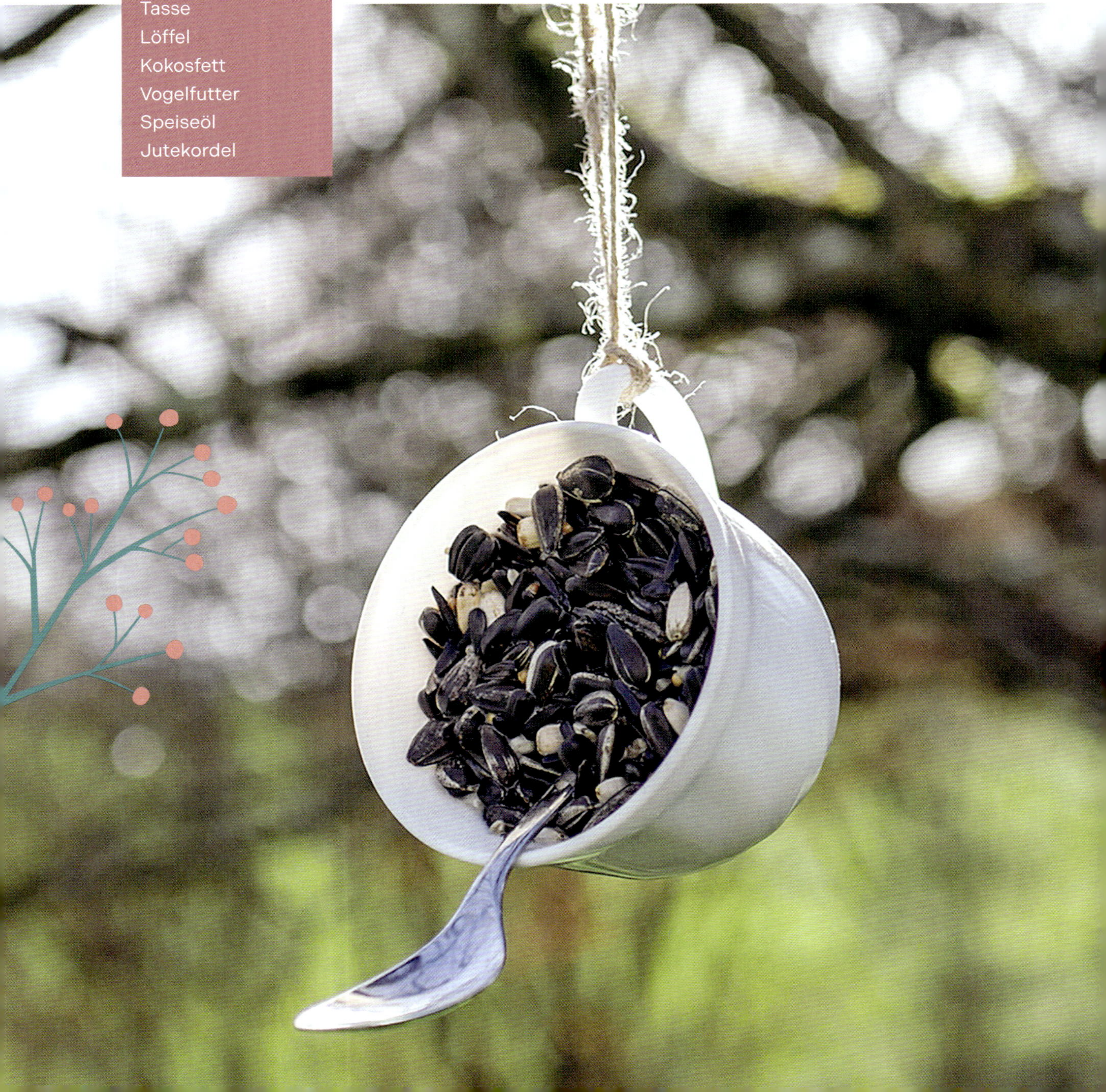

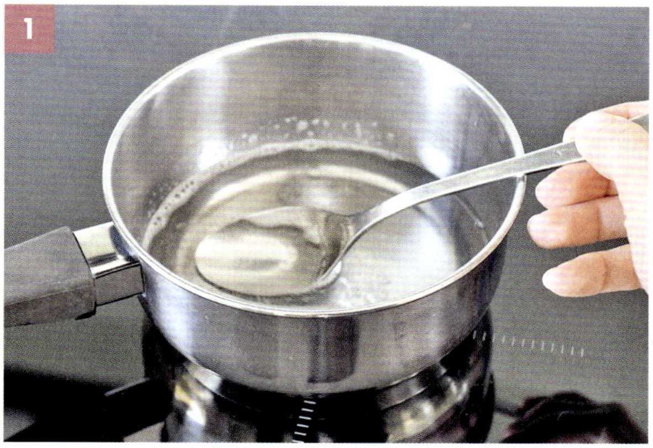

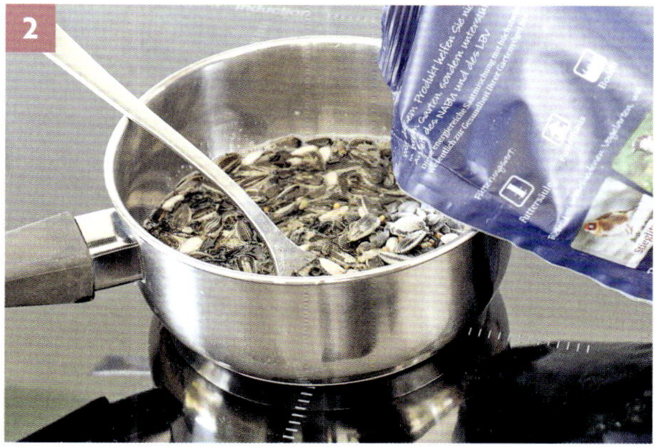

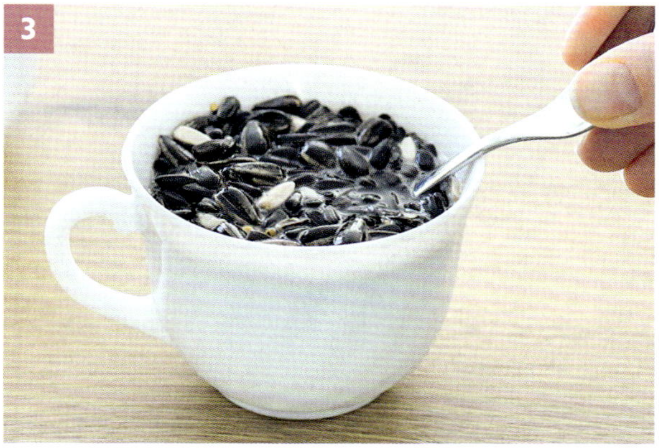

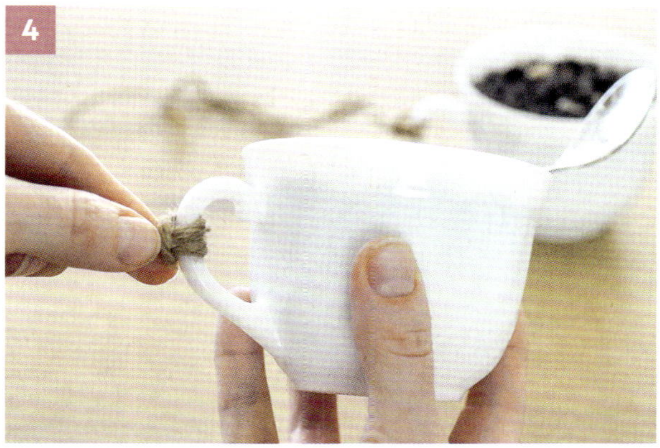

1. Das Kokosfett in einem Topf schmelzen, bis es flüssig wird, aber nicht zu heiß werden lassen. Der Schmelzpunkt von Kokosfett liegt bei unter 30 °C, daher reicht es, den Herd auf niedrige oder mittlere Stufe einzustellen. Die Menge variiert je nach Fassungsvermögen der Tasse.

2. Sobald das Fett vollständig flüssig ist, Speiseöl und das Vogelfutter einstreuen und umrühren, sodass alle Körner von Fett umgeben sind. Auf 100 Gramm Kokosfett kommen 100 Gramm Körner und zwei Teelöffel Speiseöl.

3. Vogelfutter-Fett-Mischung in eine Tasse füllen. Löffel auf der gegenüberliegenden Seite des Henkels mit dem Stiel Richtung Tassenboden hineinstecken. Der Löffel dient den Vögeln später als Sitzmöglichkeit. Masse festdrücken und aushärten lassen.

4. Jutekordel erst an den Henkel und anschließend an den Ast eines Baumes knoten. Die Vogelfutterstation so aufhängen, dass keine Katzen drankommen und die Vögel in Ruhe essen können. Nicht im Sommer aufhängen, da das Fett sonst schmilzt.

Tipp:
Aus übrig gebliebener Vogelfutter-Fett-Masse Knödel formen. Nach dem Aushärten mit einem heißen Draht ein Loch durch den Knödel piksen und dadurch eine Kordel zum Aufhängen ziehen.

Dekoratives

BEPFLANZTE TASSEN

als österliche Tischkarten

MATERIAL

Tasse
Porzellan-Marker in Schwarz
Traubenhyazinthe
Sisalgras
Astscheibe
Holzspieß
Fineliner in Schwarz
Hasenfigur
Heißkleber

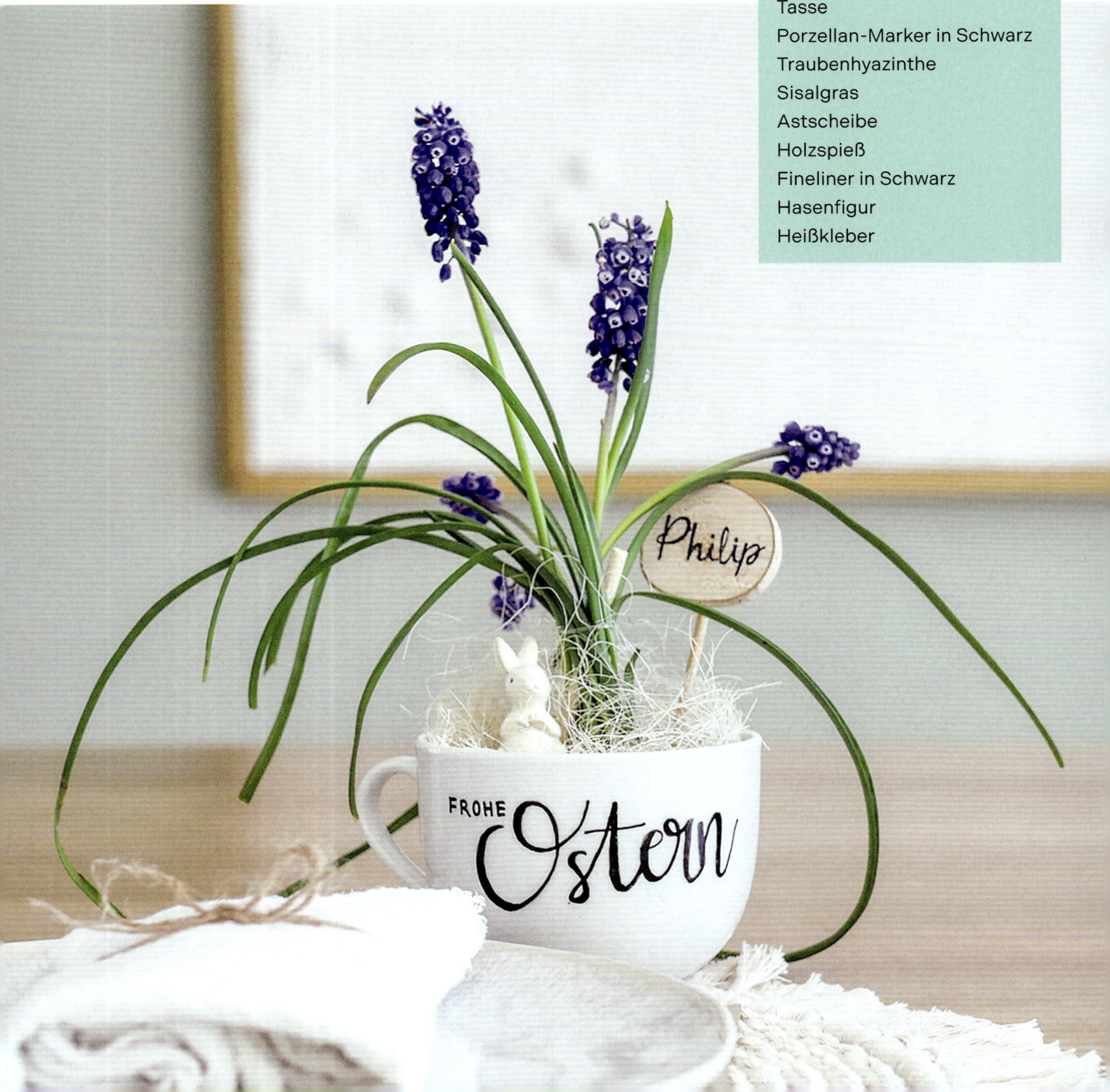

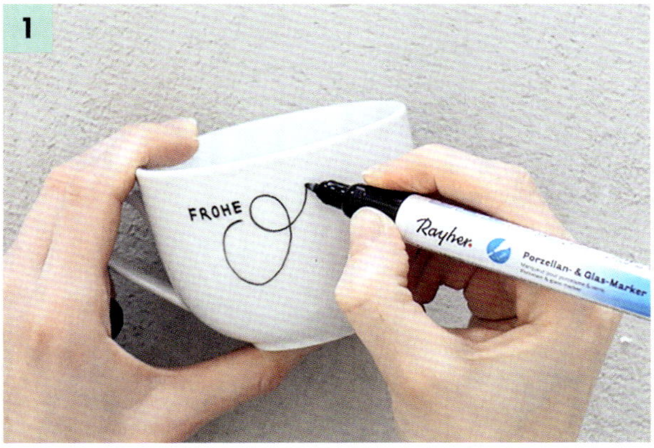

1. Tasse mit dem Porzellan-Marker beschriften und 4 Stunden trocknen lassen. Anschließend bei 160 °C für 30 Minuten im Backofen einbrennen. Frisch aufgetragene Farbe kann noch mit einem feuchten Tuch entfernt werden.

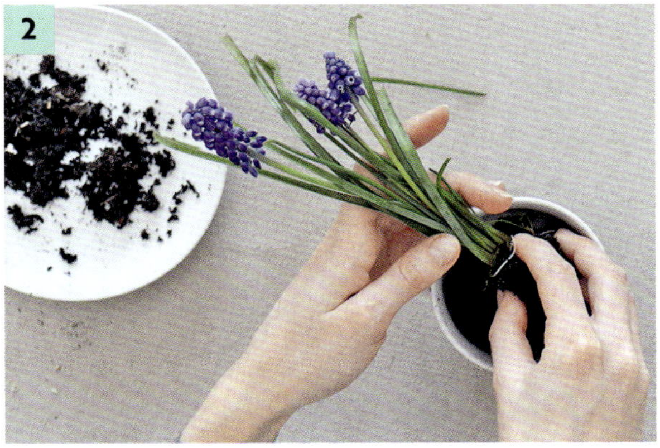

2. Tasse mit einer Traubenhyazinthe bepflanzen.

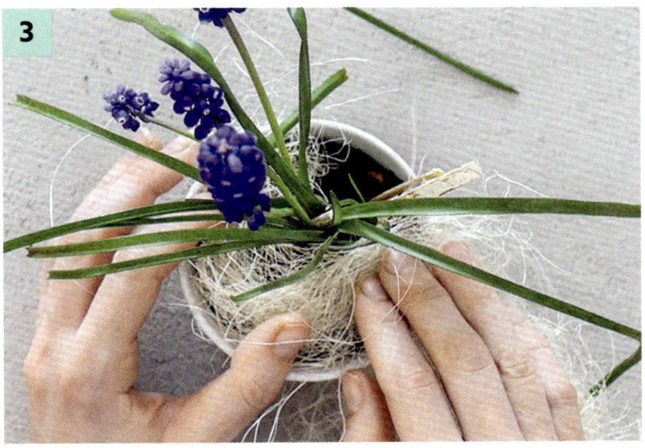

3. Erde mit Sisalgras abdecken.

Fortsetzung Seite 62

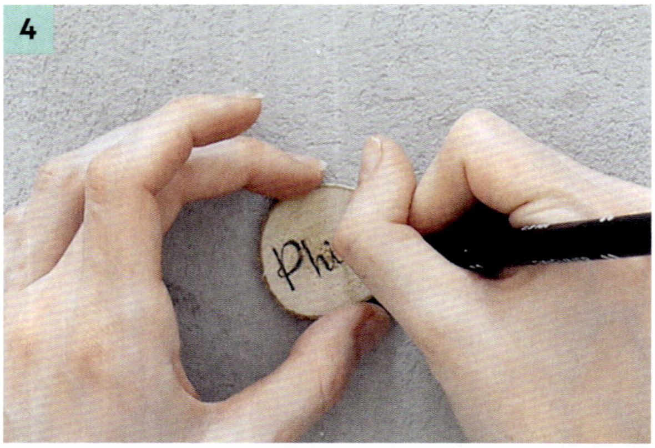

4. Mit einem Fineliner den Namen auf eine Astscheibe schreiben.

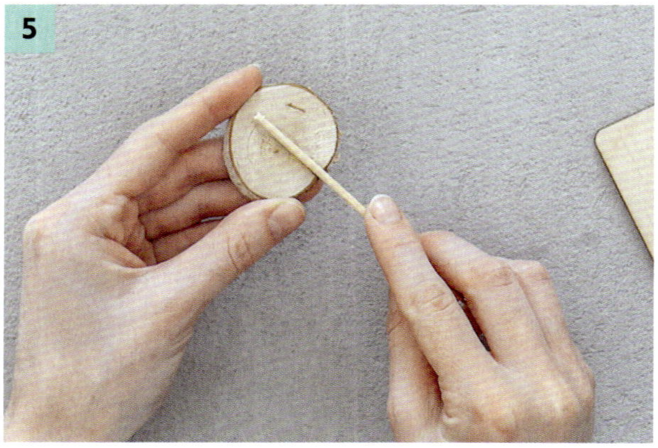

5. Holzspieß gegebenenfalls zurechtschneiden und mit Heißkleber an der Rückseite der Astscheibe befestigen. Holzspieß in die Erde stecken.

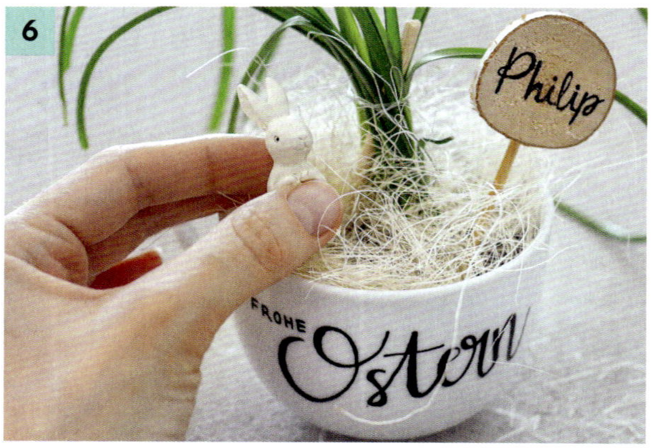

6. Bepflanzte Tasse mit einer kleinen Hasenfigur dekorieren.

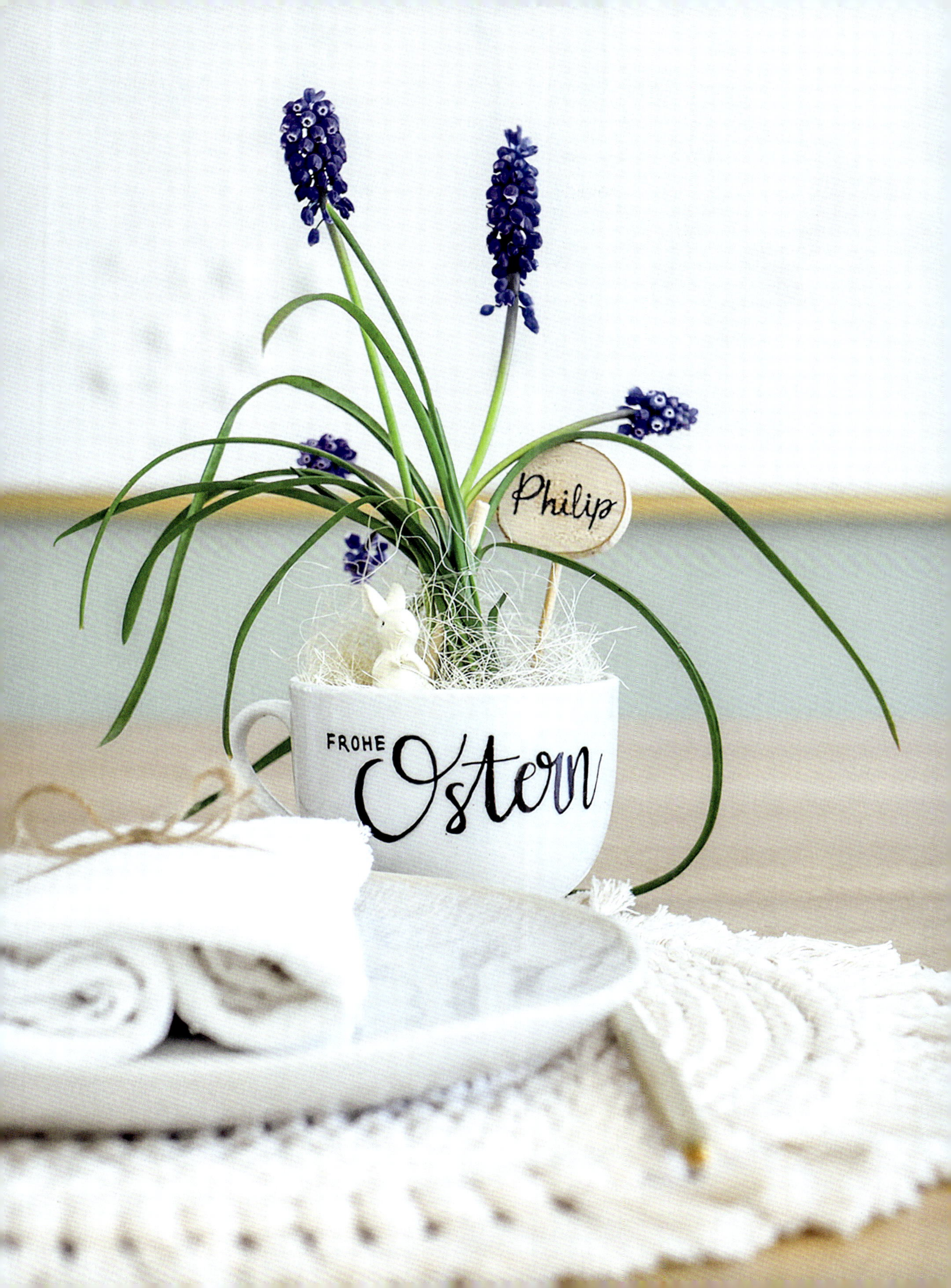
Philip
FROHE
Ostern

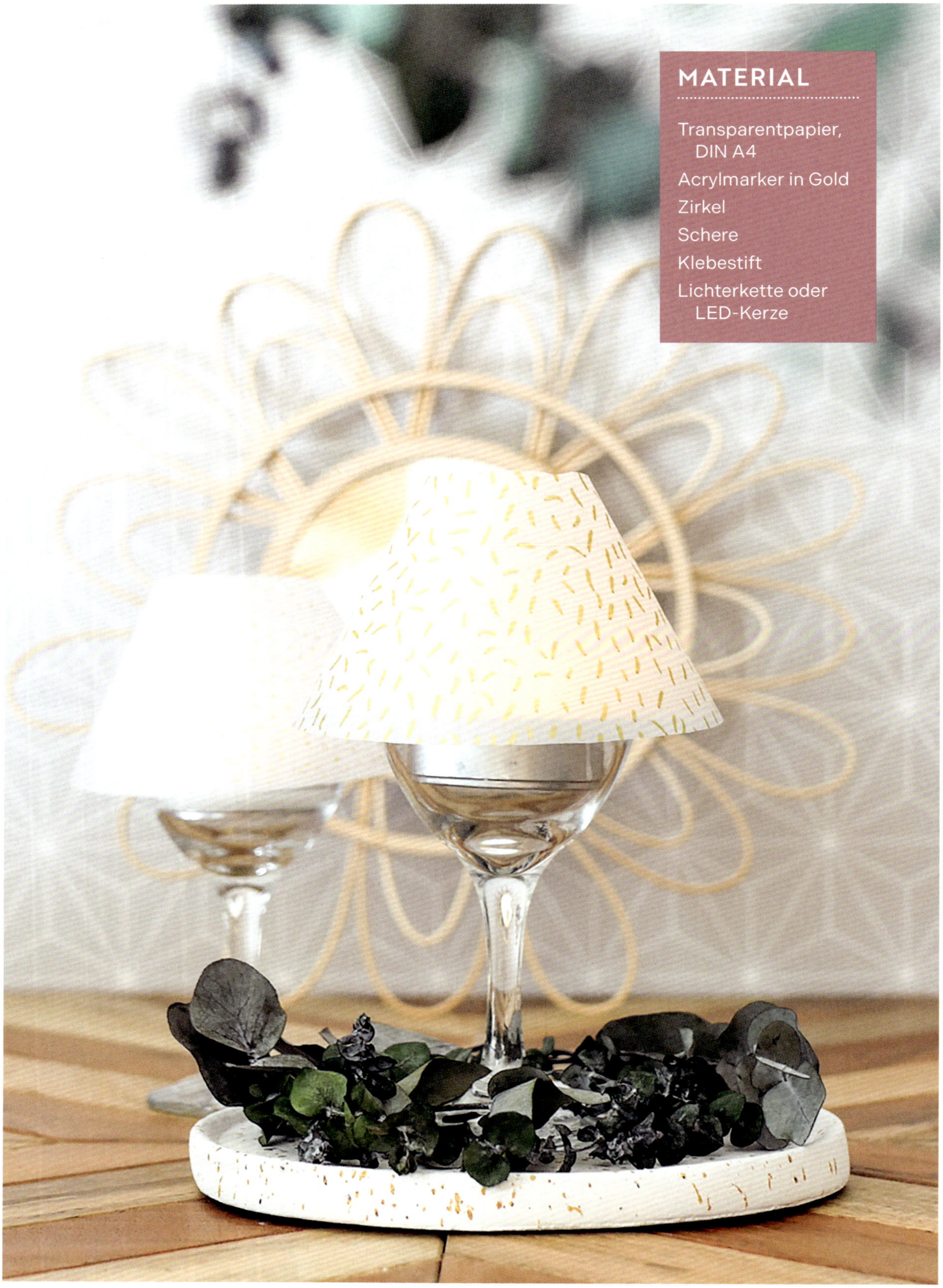

MATERIAL

- Transparentpapier, DIN A4
- Acrylmarker in Gold
- Zirkel
- Schere
- Klebestift
- Lichterkette oder LED-Kerze

TISCHLAMPE

aus einem Weinglas

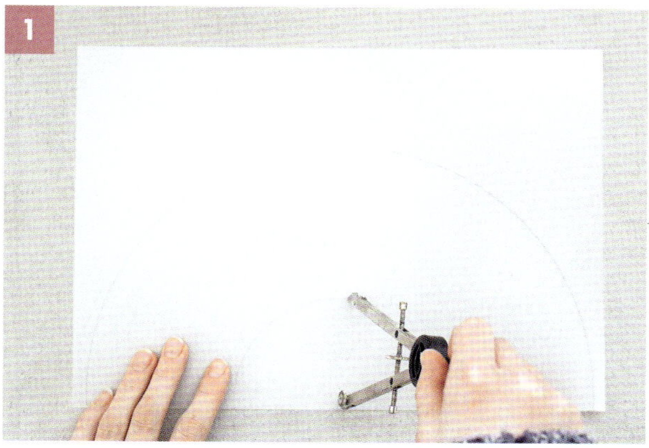

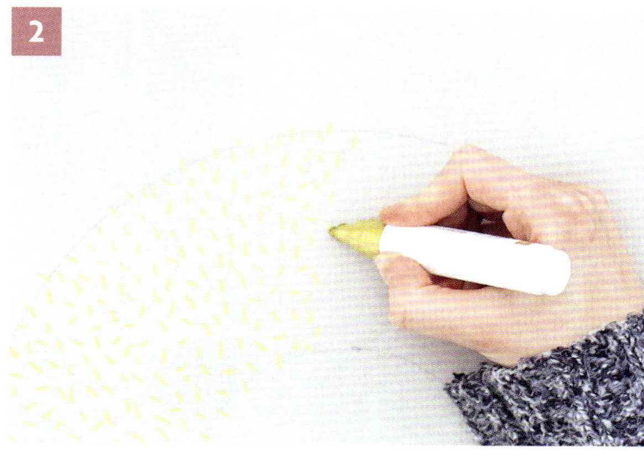

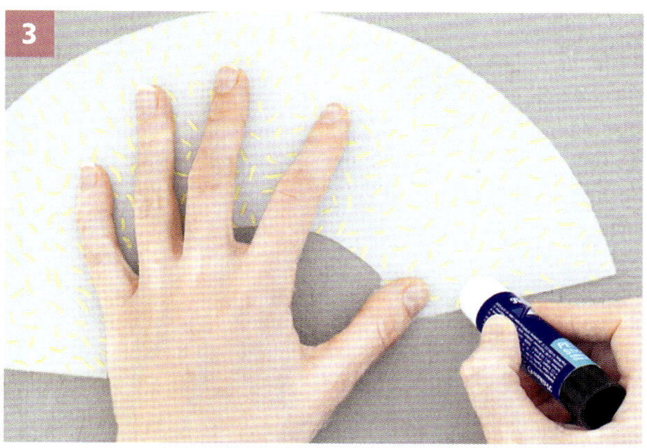

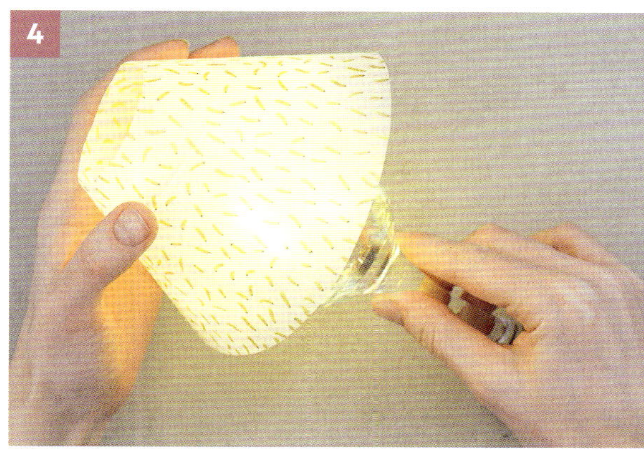

1. Mit dem Zirkel auf der breiten Seite des Transparentpapiers einen Halbkreis zeichnen, der fast über die gesamte Breite des Papiers reicht. Falls der maximale Radius des Zirkels zu gering ist, einen runden Teller als Hilfsmittel nutzen. Mittig einen weiteren Halbkreis mit einem Radius von ca. 10 cm einzeichnen.

2. Mit dem Acrylmarker ein Muster auf das Papier zeichnen, z. B. Streifen oder Punkte. Farbe trocknen lassen.

3. Halbkreise ausschneiden und probeweise beide Kanten zusammenlegen. Nach Geschmack den Halbkreis etwas verkleinern, um einen schmaleren Schirm zu erhalten. Kanten mit einem Klebestift zusammenkleben.

4. Lichterkette oder LED-Kerze in das Weinglas stellen und Schirm aufsetzen.

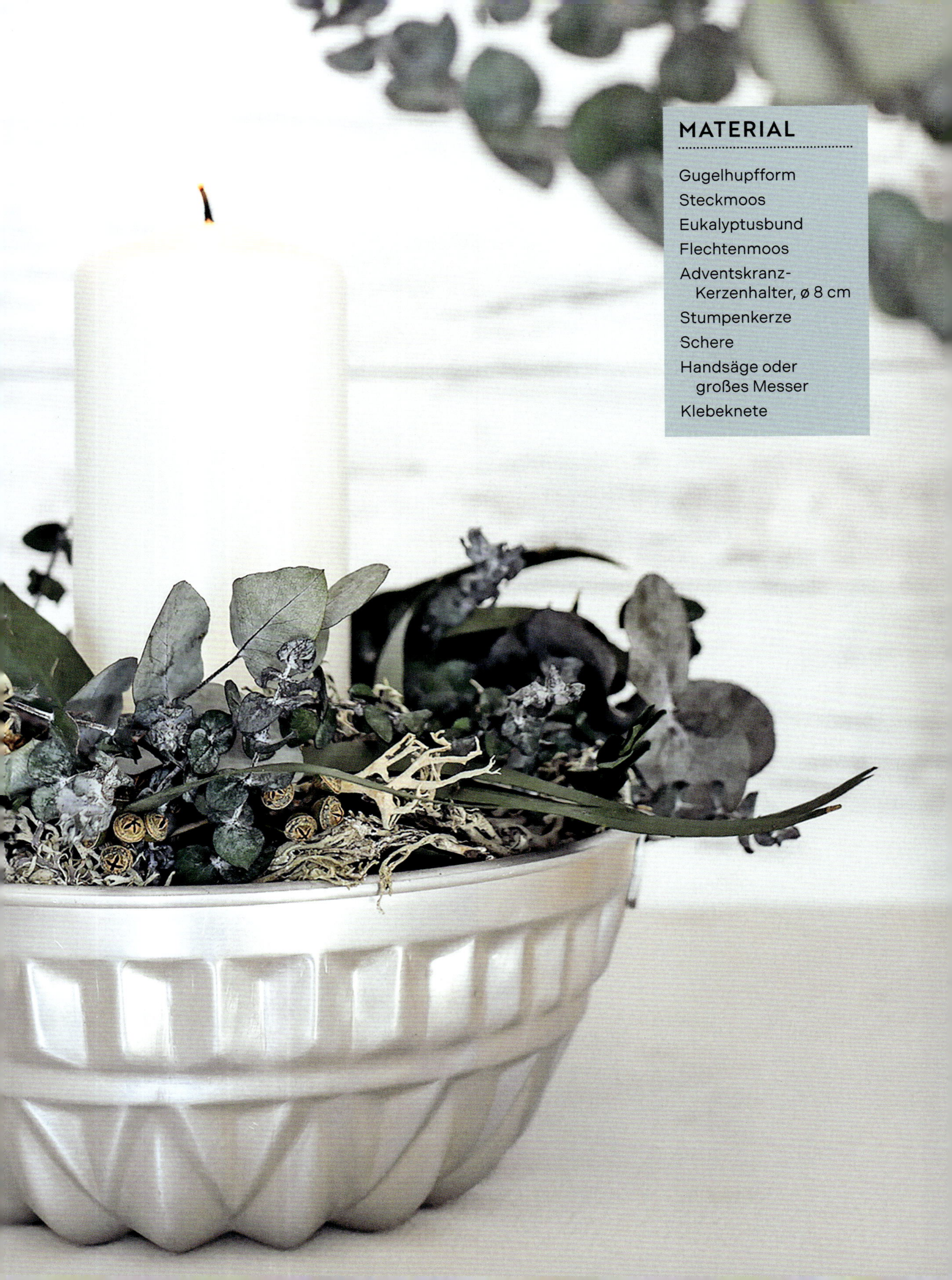

MATERIAL

- Gugelhupfform
- Steckmoos
- Eukalyptusbund
- Flechtenmoos
- Adventskranz-Kerzenhalter, ø 8 cm
- Stumpenkerze
- Schere
- Handsäge oder großes Messer
- Klebeknete

KERZENGESTECK

in einer Gugelhupfform

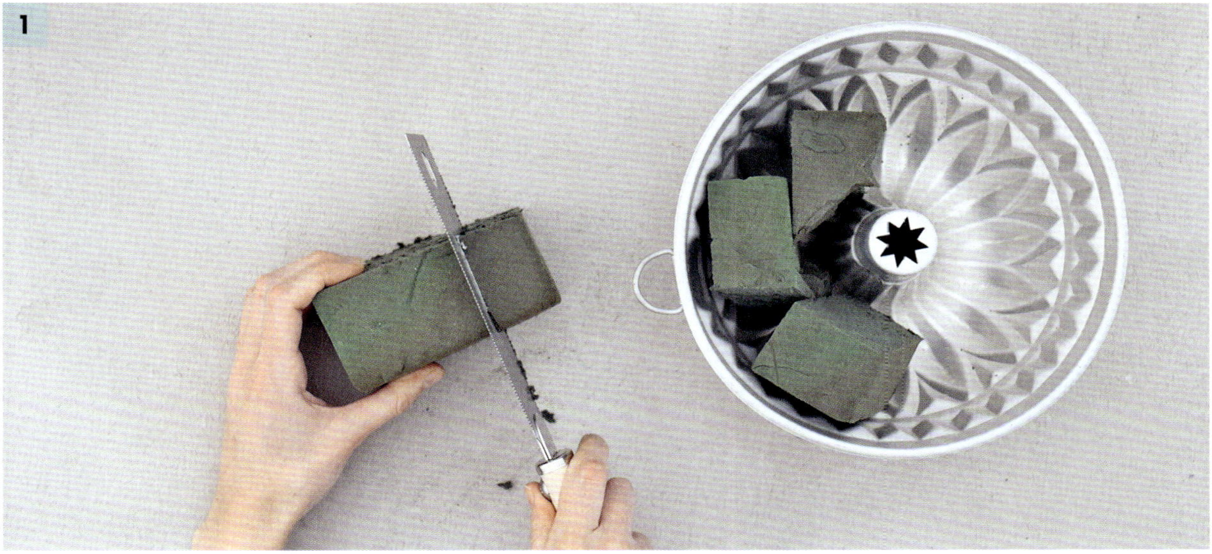

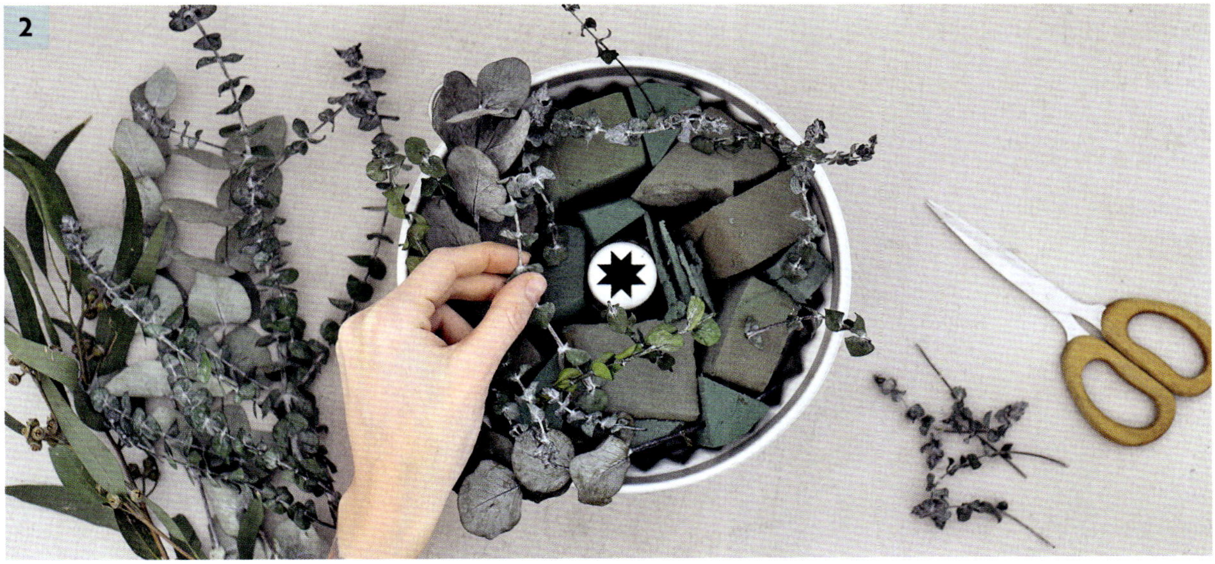

1. Steckmoos zurechtschneiden und in die Gugelhupfform legen, bis die Form ausgefüllt ist.
2. Zweige aus dem Eukalyptusbund in kleinere Stücke zerschneiden und in das Steckmoos stecken, bis der Großteil bedeckt ist.

Fortsetzung Seite 68

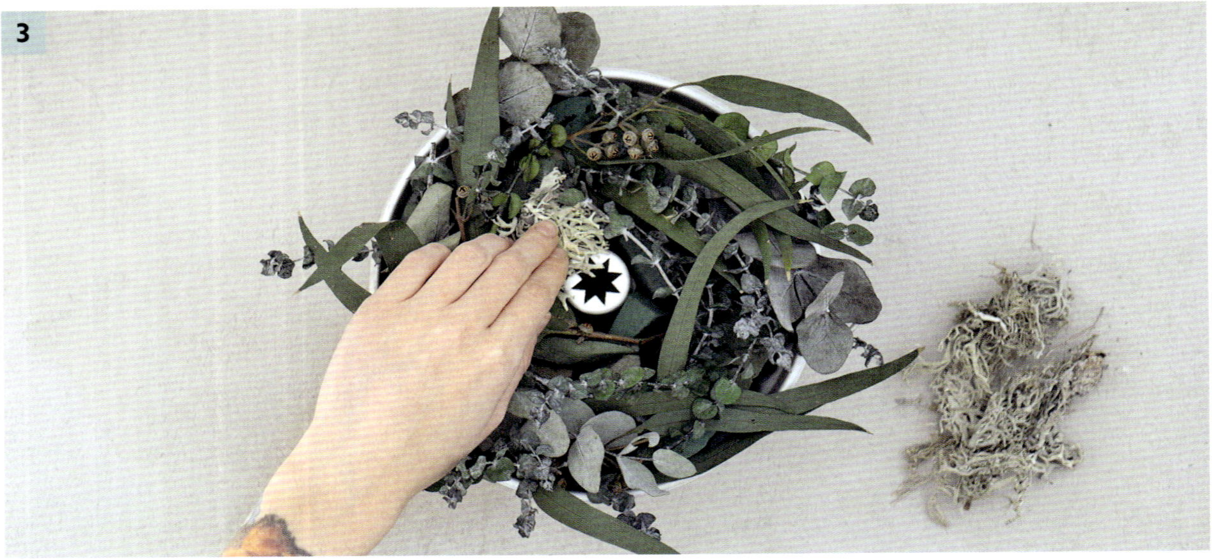

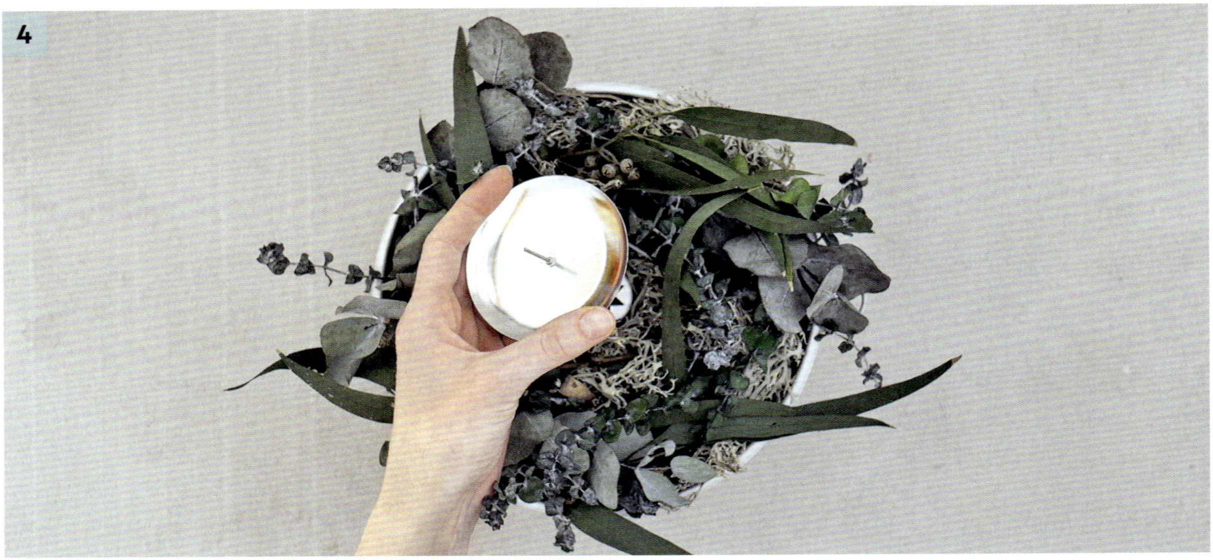

3. Lücken mit Flechtenmoos auffüllen, sodass das Steckmoos nicht mehr zu sehen ist.

4. Kerzenhalter in die Mitte stecken und bei Bedarf mit etwas Klebeknete befestigen. Die Klebeknete kann wieder rückstandslos entfernt werden, sodass die Backform bei Bedarf wieder ganz normal genutzt oder umdekoriert werden kann.

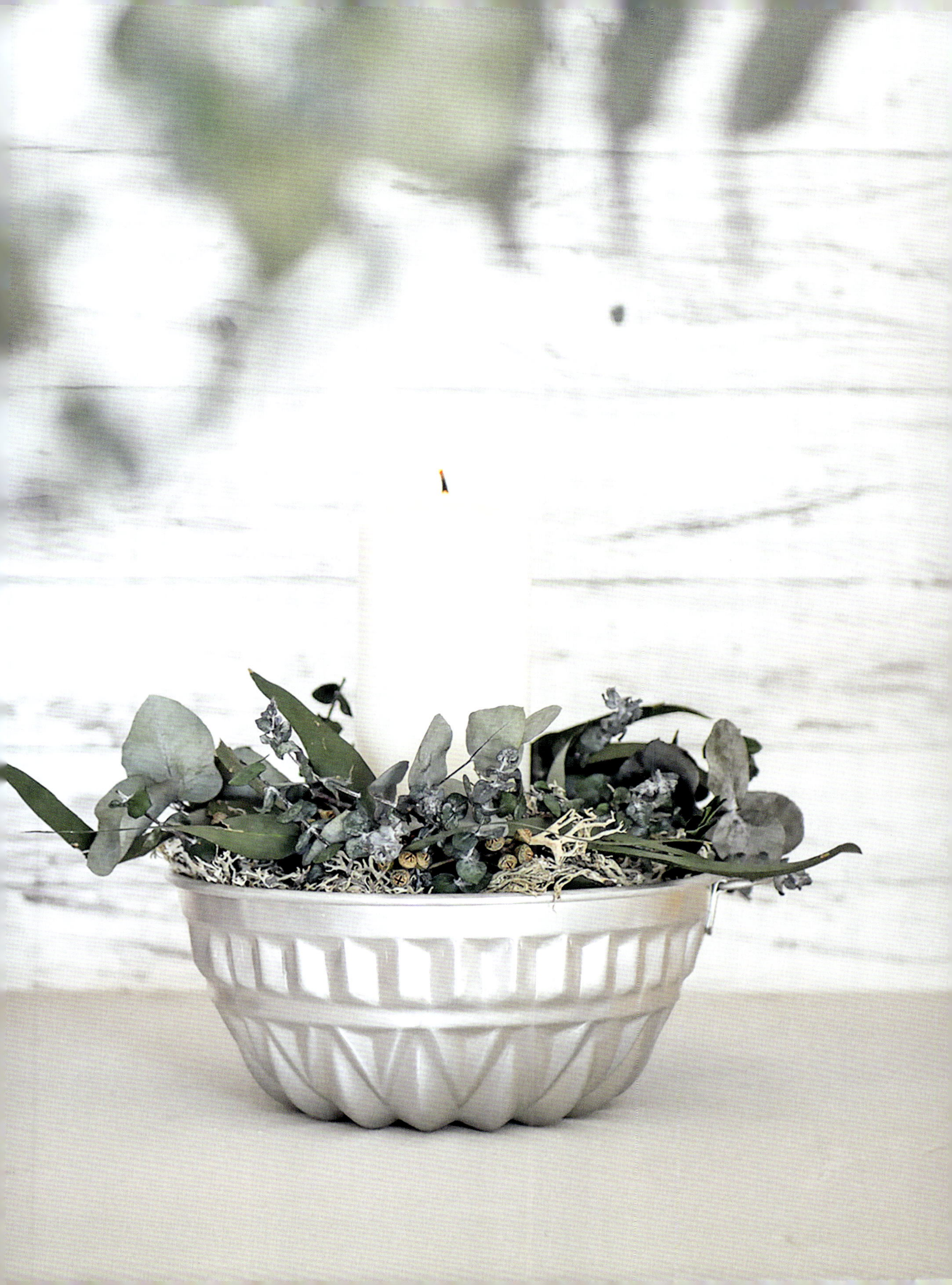

HEISSLUFTBALLON

aus einer Glühbirne

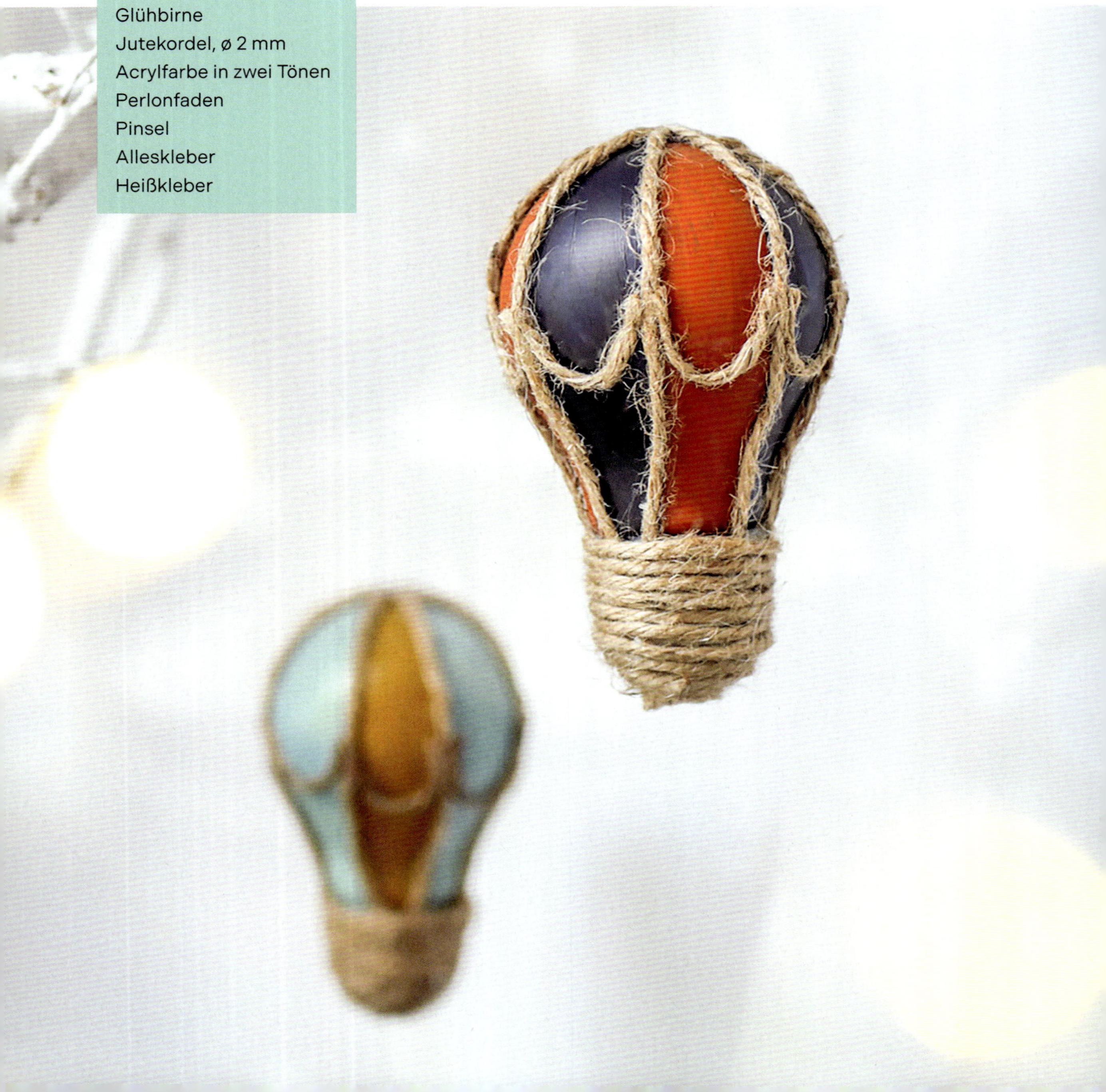

MATERIAL

- Glühbirne
- Jutekordel, ø 2 mm
- Acrylfarbe in zwei Tönen
- Perlonfaden
- Pinsel
- Alleskleber
- Heißkleber

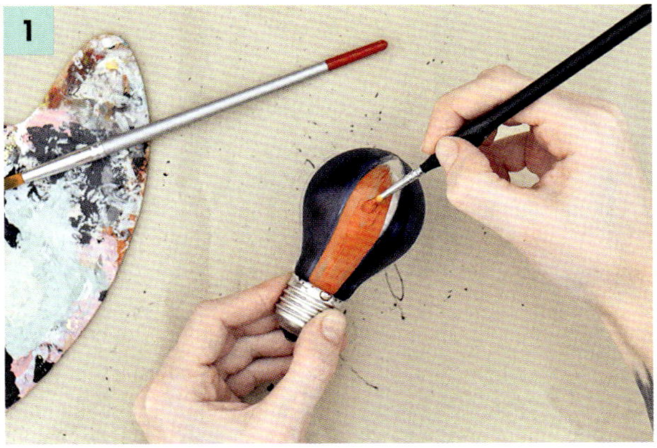

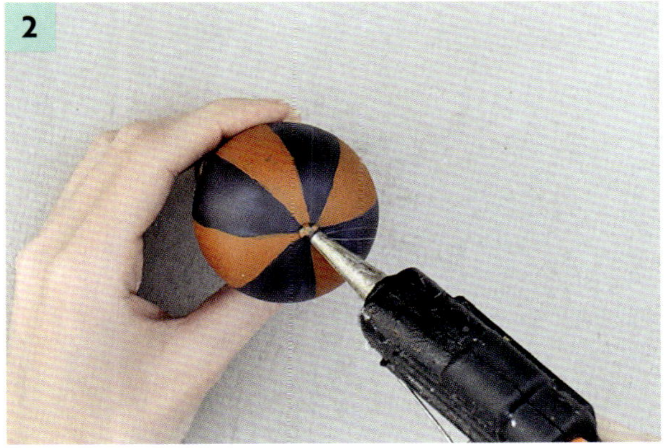

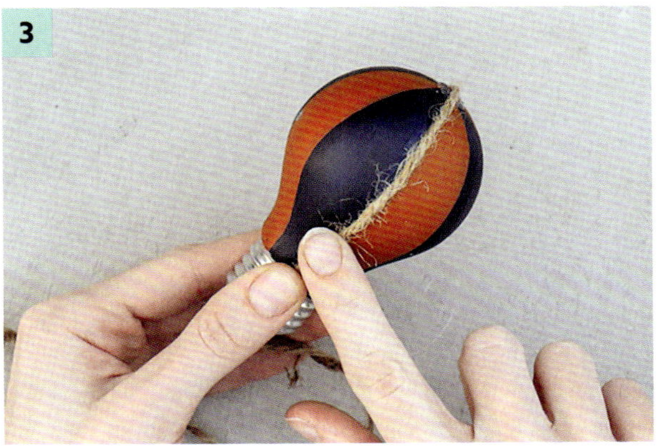

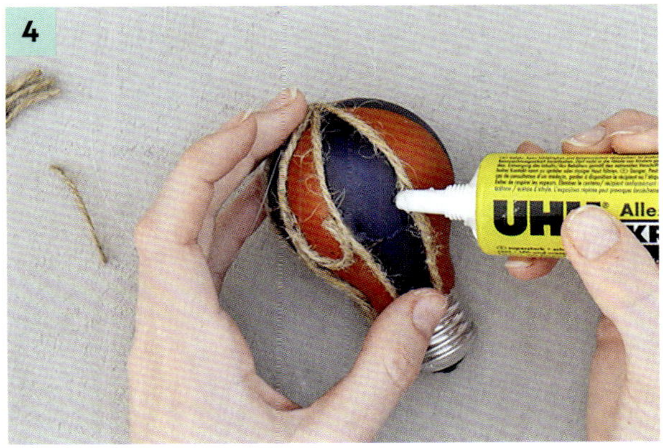

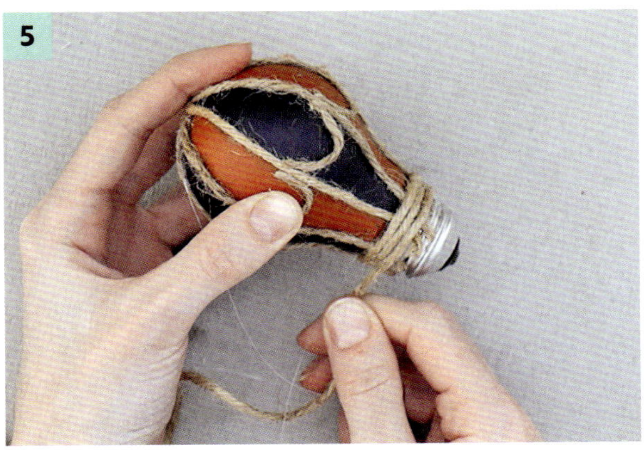

1. Die Glühbirne mittels eines Pinsels mit Acrylfarbe bemalen. Dabei erst mit einer Farbe von der Mitte oben ausgehend vier Streifen nach unten aufmalen. Nach dem Trocknen mit der zweiten Farbe die vier übrigen Sektionen ausfüllen. Bei Bedarf nach dem Trocknen vorsichtig eine zweite Schicht auftragen und dabei keinen Druck ausüben, damit die erste Schicht nicht wieder abgetragen wird. Alles gründlich trocknen lassen.

2. Einen Perlonfaden in doppelter Länge der Wunschhöhe abschneiden und die beiden Fadenenden miteinander verknoten. Faden mit Heißkleber oben auf die Glühbirne kleben und nach kurzer Abkühlung des Klebers mit dem Finger festdrücken.

3. Jutekordel zuschneiden und mit Alleskleber auf die Farbkanten kleben.

4. Acht etwa 2 cm große Stücke von der Jutekordel abschneiden und mit Alleskleber halbkreisförmig zwischen die einzelnen Sektionen kleben. Dafür den Alleskleber direkt in der gewünschten Form auf die Glühbirne auftragen und die Jutekordel andrücken. Kleber trocknen lassen.

5. Gewinde mit Jutekordel umwickeln und abschnittsweise mit Heißkleber befestigen.

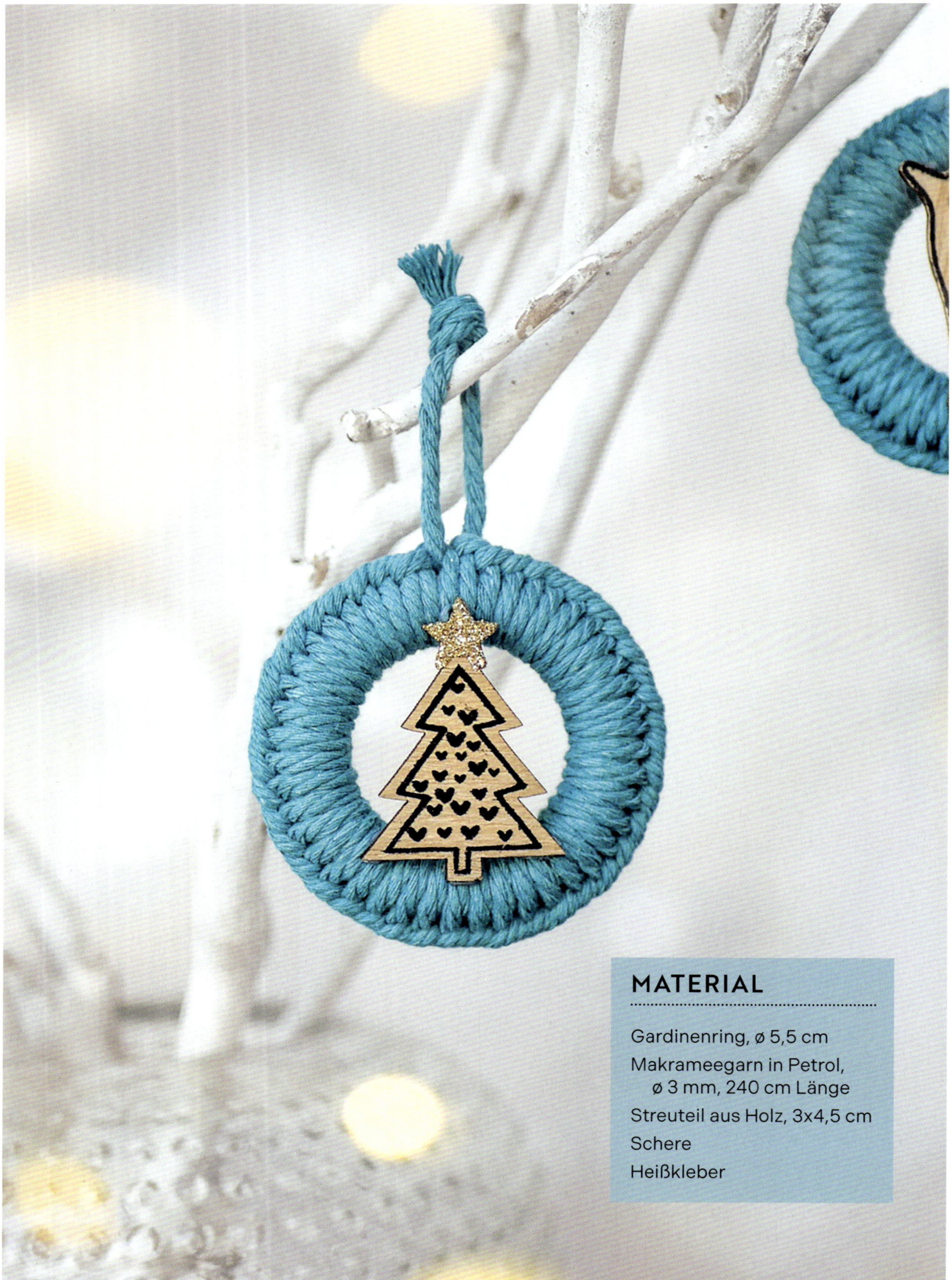

MATERIAL

Gardinenring, ø 5,5 cm
Makrameegarn in Petrol, ø 3 mm, 240 cm Länge
Streuteil aus Holz, 3x4,5 cm
Schere
Heißkleber

ANHÄNGER
aus Gardinenringen

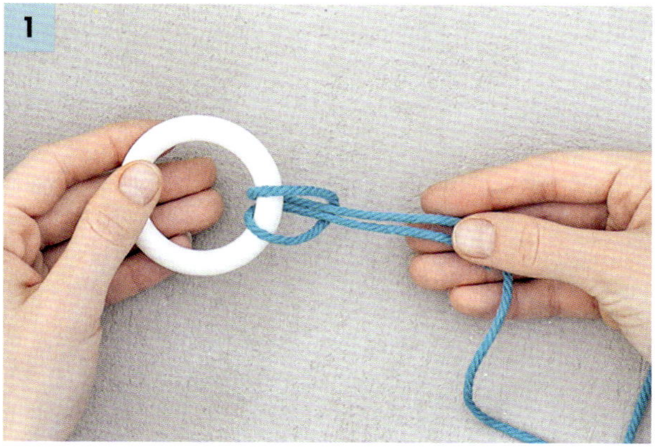

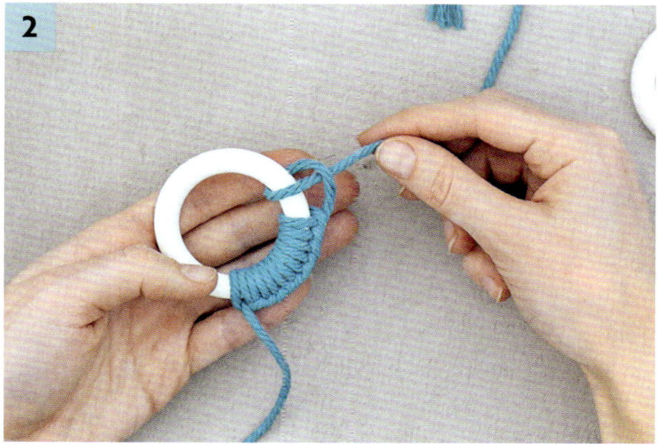

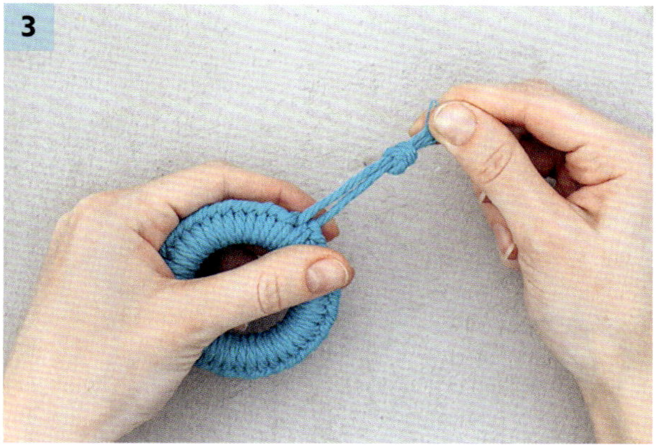

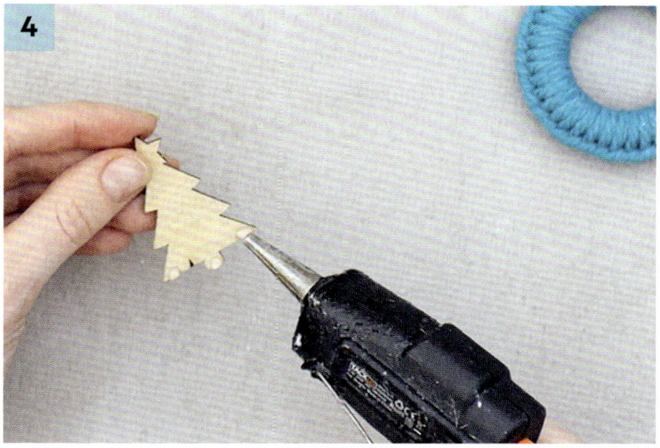

1. Makrameegarn auf 240 cm Länge zuschneiden und an den Gardinenring knoten. Die benötigte Länge variiert je nach Größe des Gardinenrings. Die 240 cm Länge beziehen sich auf einen Gardinenring mit einem Durchmesser von 5,5 cm. Mindestens 10 cm Garn überstehen lassen.

2. Mit dem Garn eine Schlaufe unter dem Gardinenring bilden und das Garnende von der Innenseite des Rings durch die Schlaufe ziehen. Fortfahren, bis der gesamte Ring verkleidet ist.

3. Restliches Garn so abschneiden, dass es die gleiche Länge wie der Überstand des Anfangsknotens hat. Beide Garnenden miteinander verknoten, um eine Aufhängung zu erhalten.

4. Etwaigen Klebepunkt auf der Rückseite des Streuteils entfernen und zur Probe platzieren, um die Klebestellen zu identifizieren. Streuteil mit ein wenig Heißkleber mittig auf den Ring kleben.

DISCOKUGEL

aus CDs

MATERIAL

- Styroporkugel aus zwei Halbschalen, ø 20 cm
- 10 CDs
- Fugenmasse in Weiß
- Ösenschraube
- Perlonfaden in Transparent, ø 0,25 mm
- Heißkleber
- Haushaltsschere
- Handschuhe
- Schwämmchen

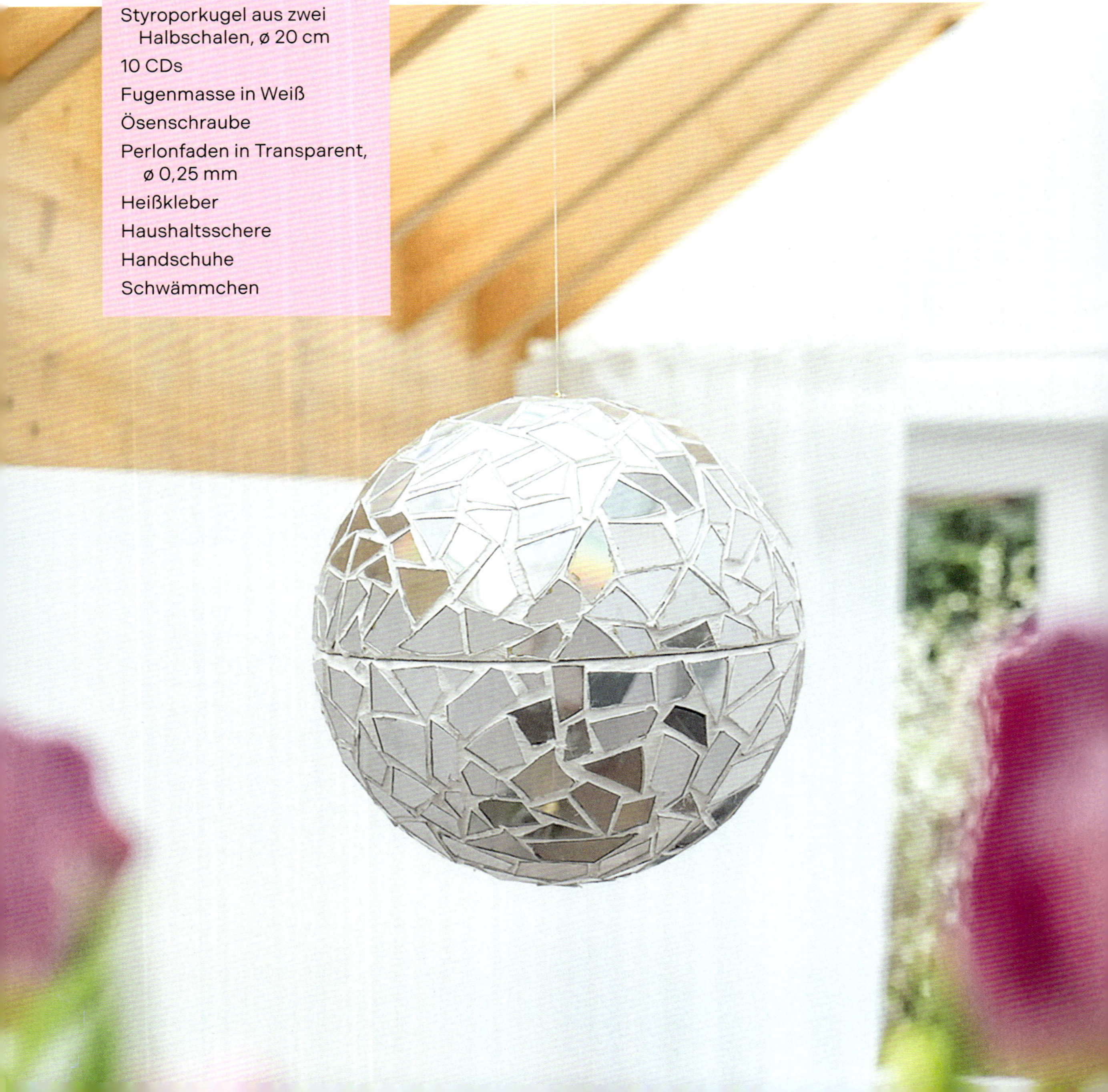

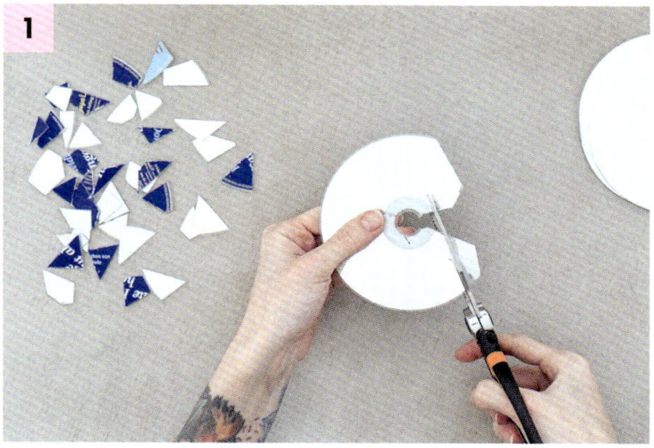

1. Die CDs mindestens 5 Minuten in kochendes Wasser legen, um das Material aufzuweichen und Splitterungen zu verhindern. CD mit einer scharfen Haushaltsschere in kleine Teile schneiden. Den inneren Ring der CD dabei aussparen. Form und Größe der Teile dürfen sich unterscheiden. Die einzelnen Teile sollten jedoch nicht zu groß sein, damit sie sich der Rundung der Kugel anpassen können. Immer nur die CD aus dem heißen Wasser holen, die im Anschluss zerschnitten werden soll. Restliche CDs solange im Wasser liegen lassen, damit sie in der Zwischenzeit nicht auskühlen.

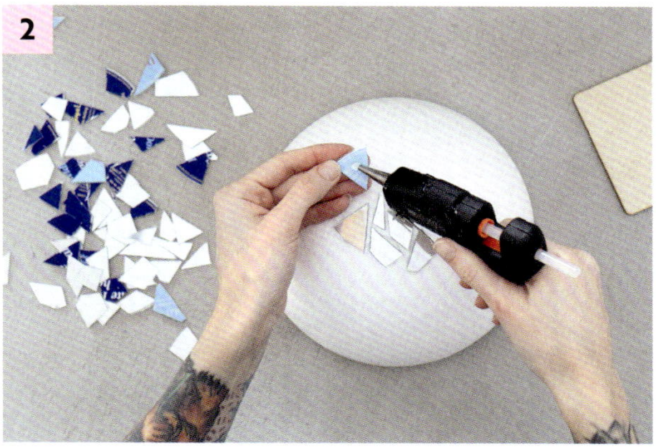

2. CD-Stücke mit Heißkleber auf die Halbschalen kleben und gut andrücken. Überschüssigen Kleber zum Beispiel mit einem Wattestäbchen entfernen. Darauf achten, dass die einzelnen Teile gut zueinander passen und die Lücken nicht zu groß werden. Bei einer der beiden Halbschalen oben in der Mitte eine kleine Aussparung für die Aufhängung frei lassen.

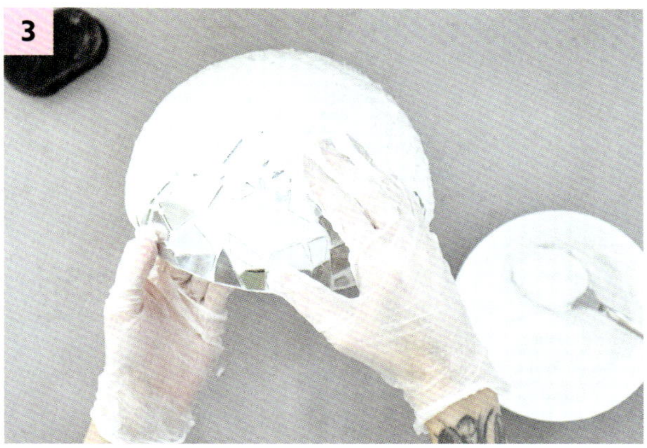

3. Handschuhe anziehen, Fugenmasse nach Packungsanweisung mit Wasser anrühren und diese dann mit den Händen auf den beiden Halbschalen verteilen, sodass alle Lücken gefüllt sind. Groben Überschuss mit einem nassen Schwamm entfernen.

Fortsetzung Seite 76

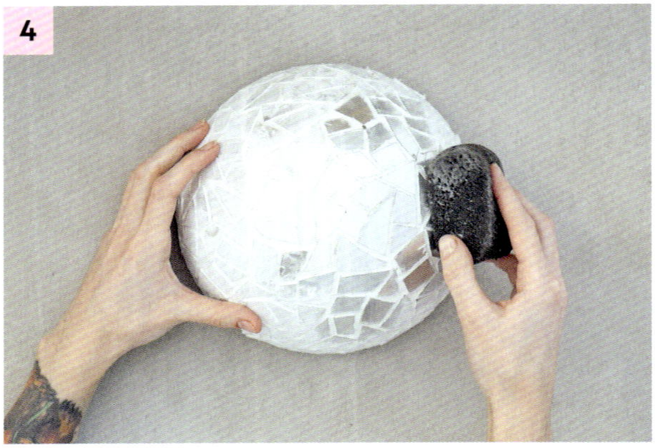

4. Nach dem Trocknen die CD-Platten mit einem sauberen Schwamm reinigen, bis alle Fugenmasse-Reste entfernt sind.

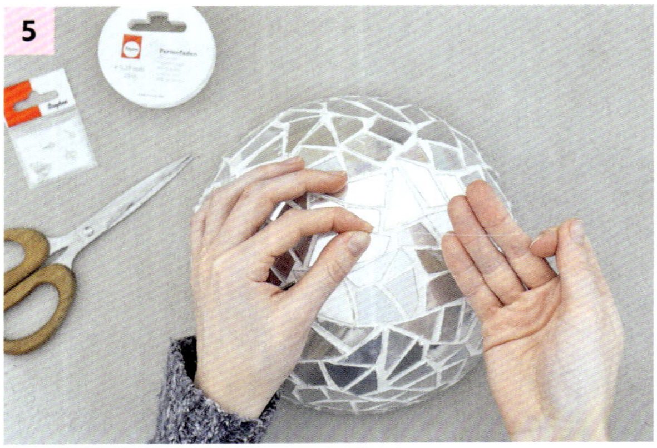

5. Ösenschraube in die Aussparung in der Mitte eindrehen und gegebenenfalls mit Heißkleber stabilisieren. Perlonfaden in der gewünschten Länge zuschneiden und durch die Öse ziehen.

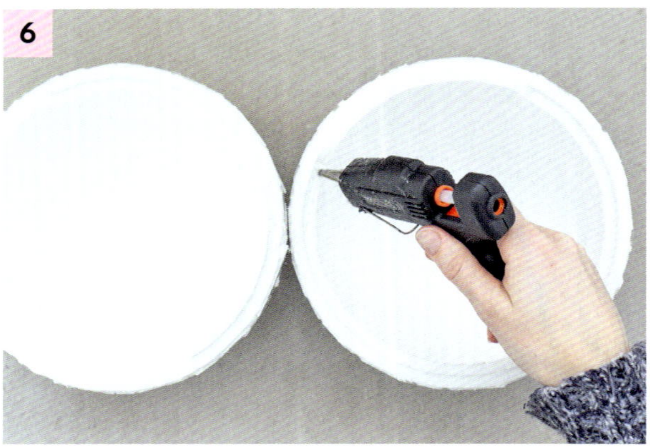

6. Halbschalen mittels Heißkleber oder Montagekleber miteinander verbinden.

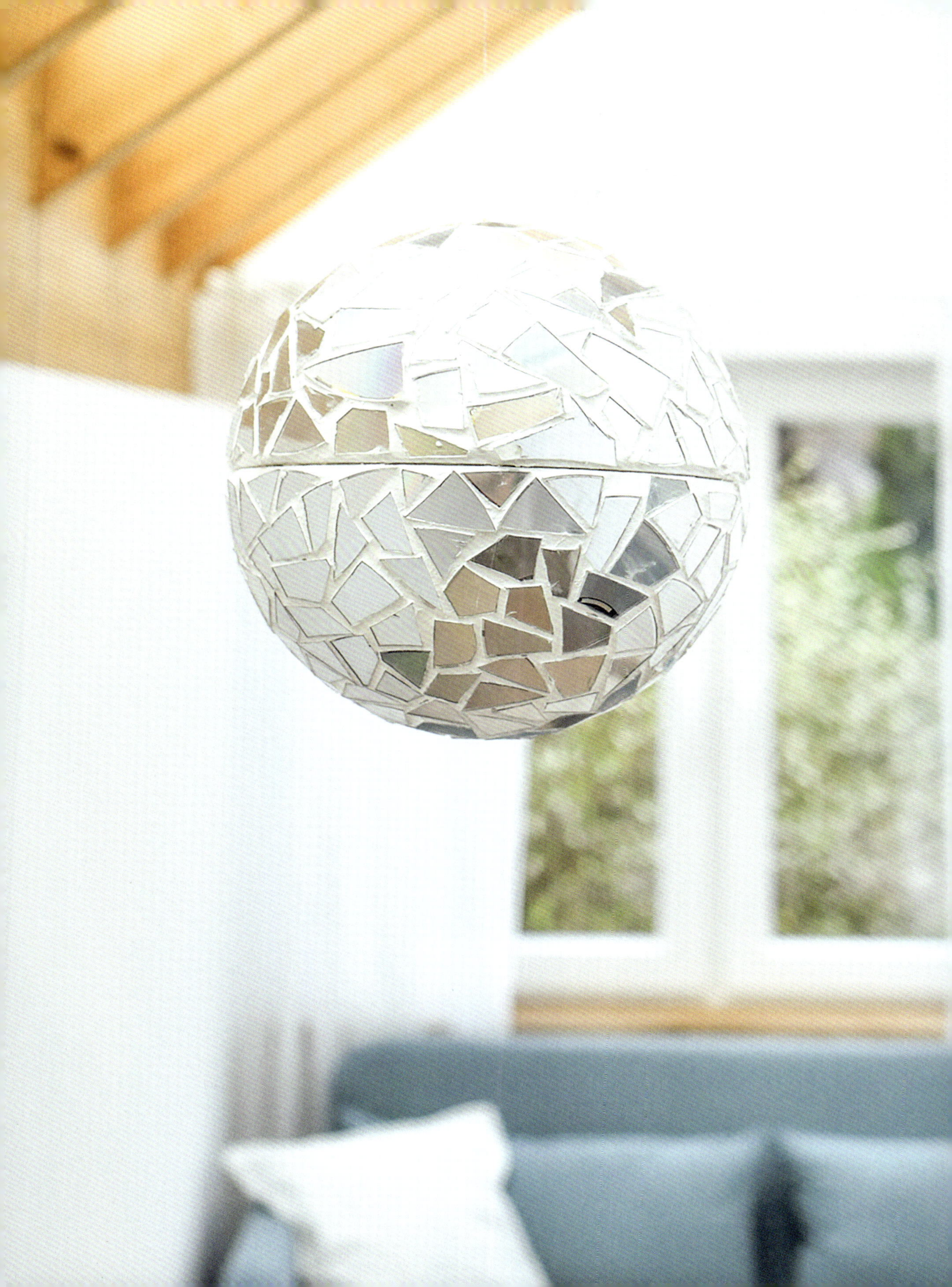

MOOSBILD

aus einer Springform

MATERIAL

Springform
Plattenmoos
Islandmoos
Flechtenmoos
getrocknete Äste
Rosteffekt Spray
Heißkleber
Aufhängung
Kraftkleber

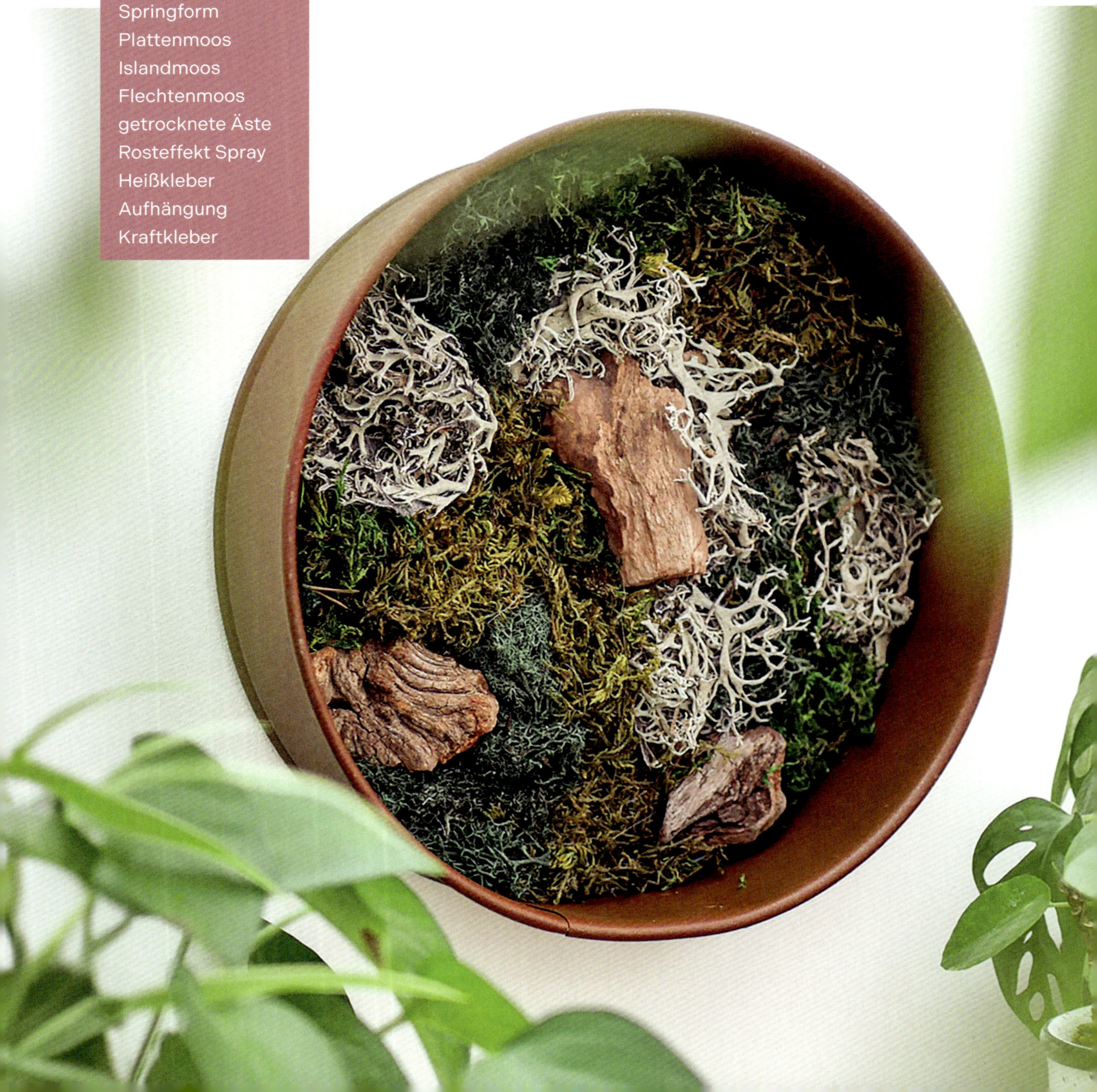

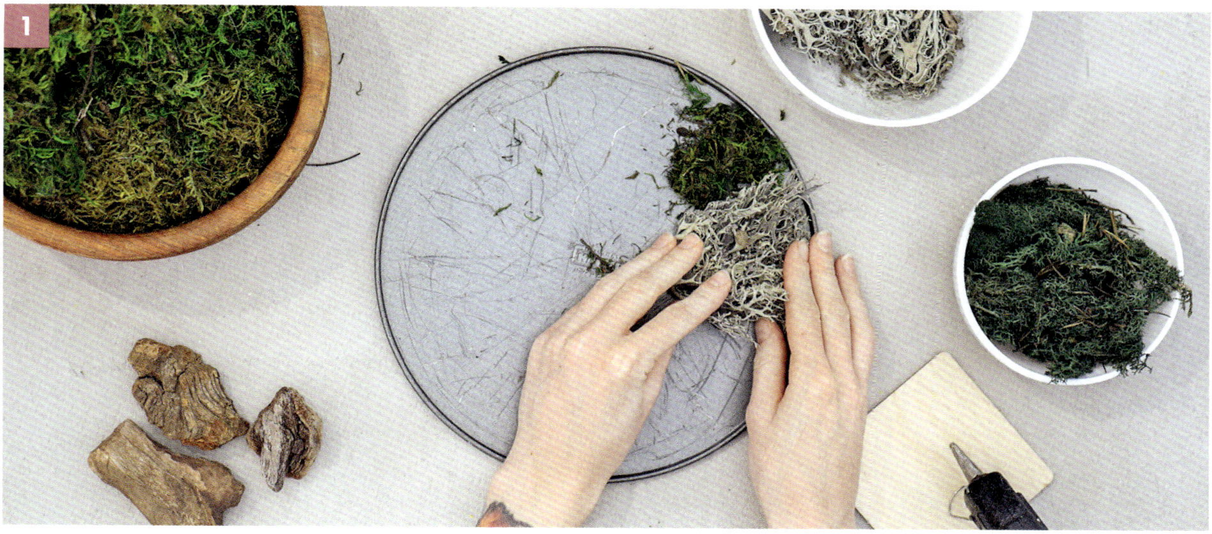

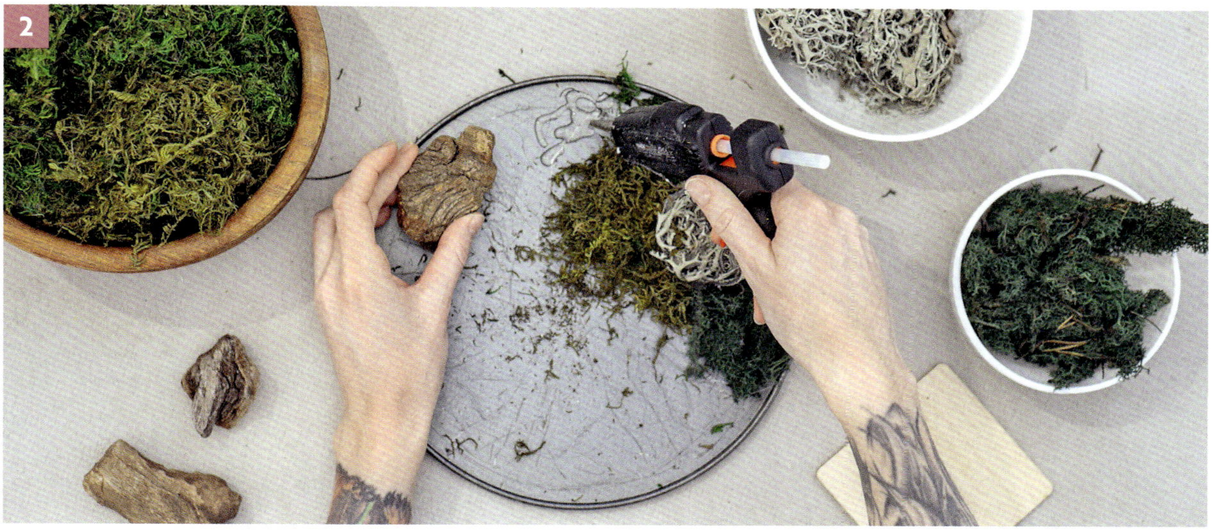

1. Boden aus der Springform lösen. Mit reichlich Heißkleber verschiedene Sorten Moos auf den Boden kleben. Immer nur kleine Abschnitte bearbeiten. Loses Moos direkt entfernen.

2. Zwischendurch getrocknete Äste oder andere getrocknete Naturmaterialien zwischen das Moos kleben.

Fortsetzung Seite 80

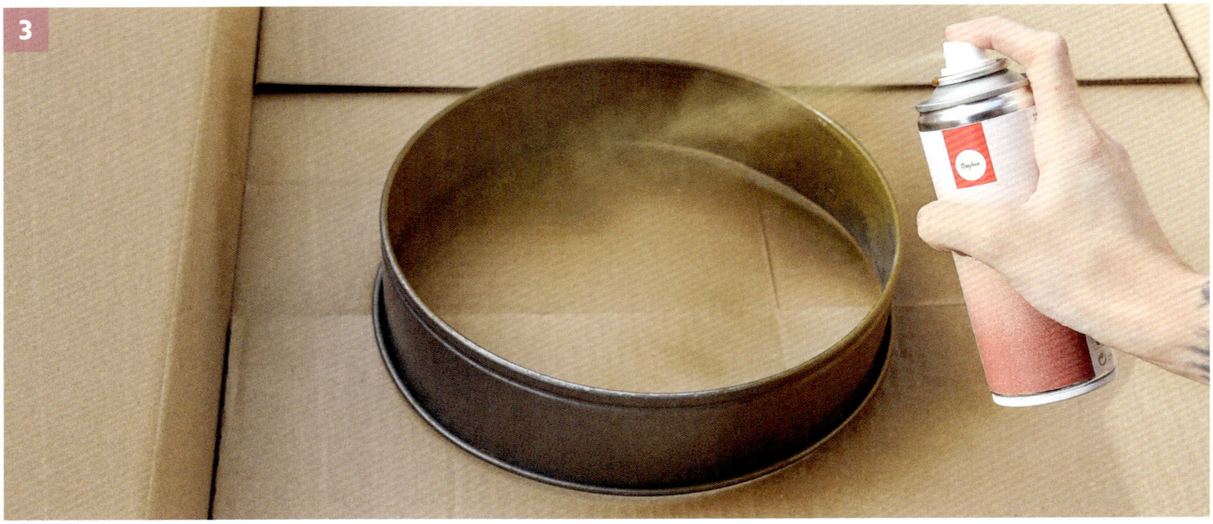

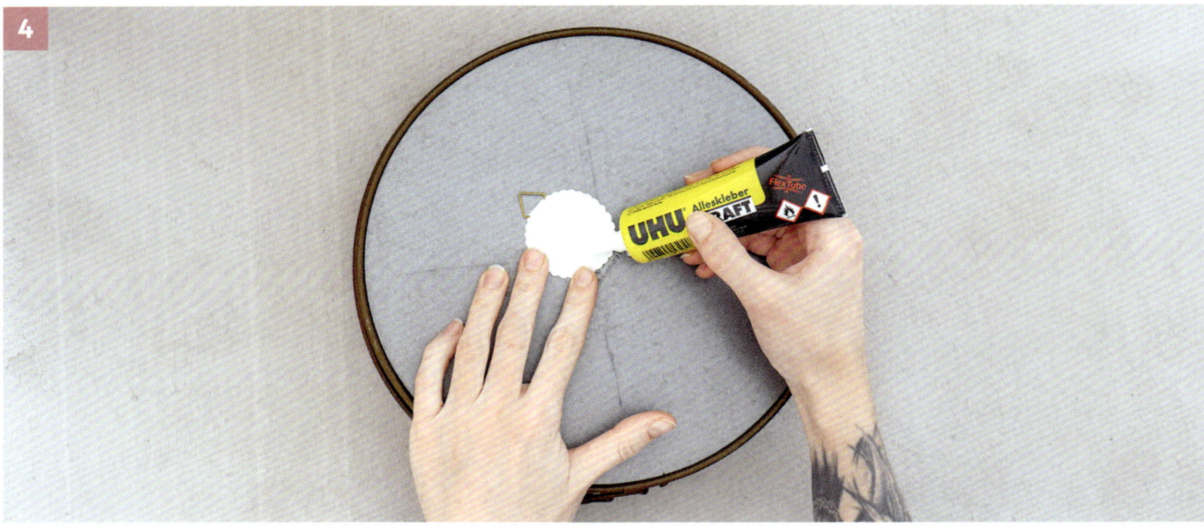

3. Rahmen der Springform gegebenenfalls mit Schleifpapier von sich ablösender Beschichtung befreien. Rahmen mit dem Rosteffekt Spray lackieren. Dabei die Anweisungen auf der Dose beachten und zwischen den Schichten trocknen lassen, falls es nicht direkt deckt. Am besten im Freien sprühen und den Untergrund gut abdecken. Nach der ersten Trocknungszeit den Rahmen umdrehen, um die andere Seite lackieren zu können.

4. Rahmen wieder am Boden befestigen. Auf der Rückseite des Bodens mit Kraftkleber eine Aufhängung befestigen. Vor dem Aufhängen gut trocknen lassen.

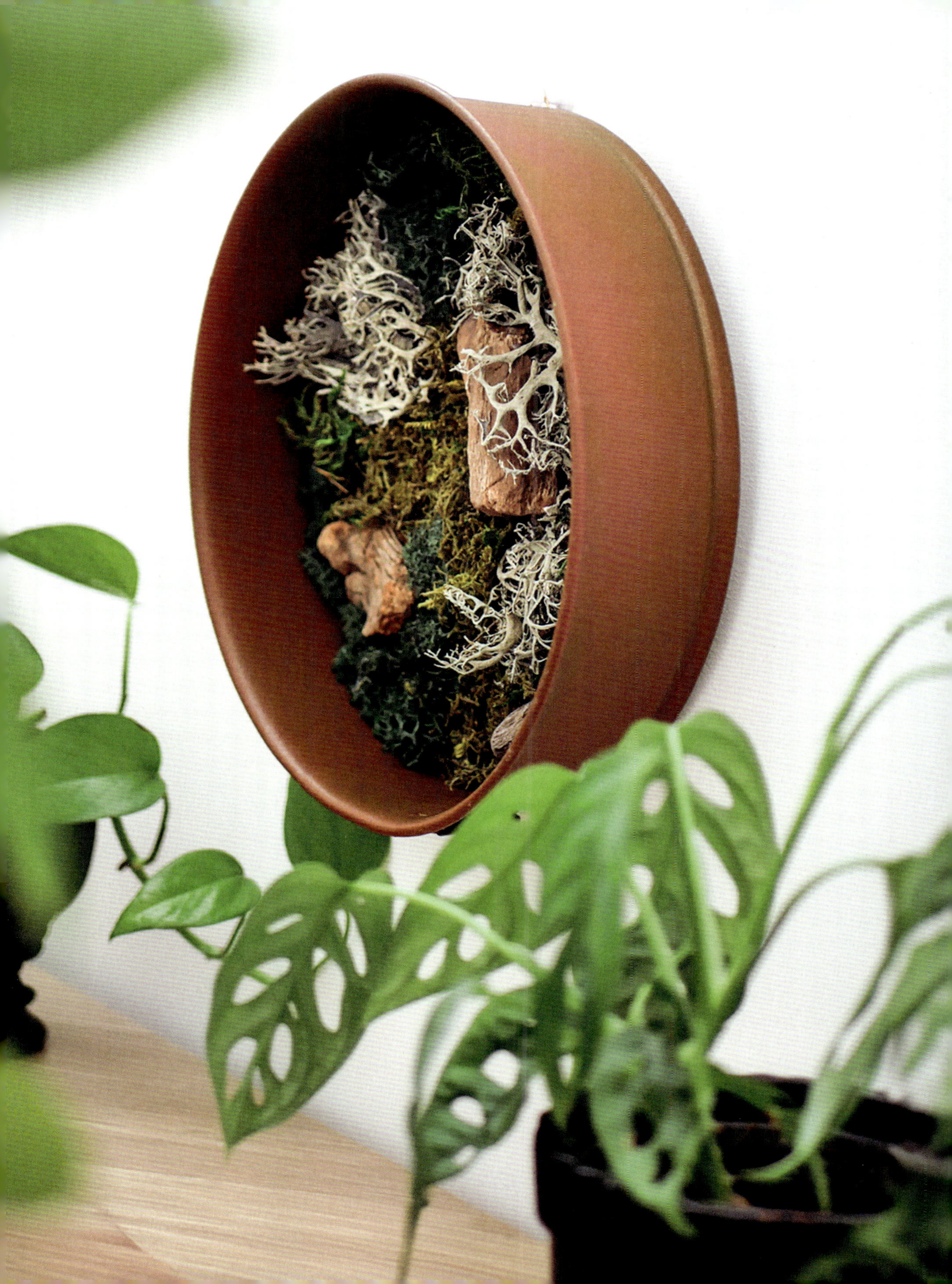

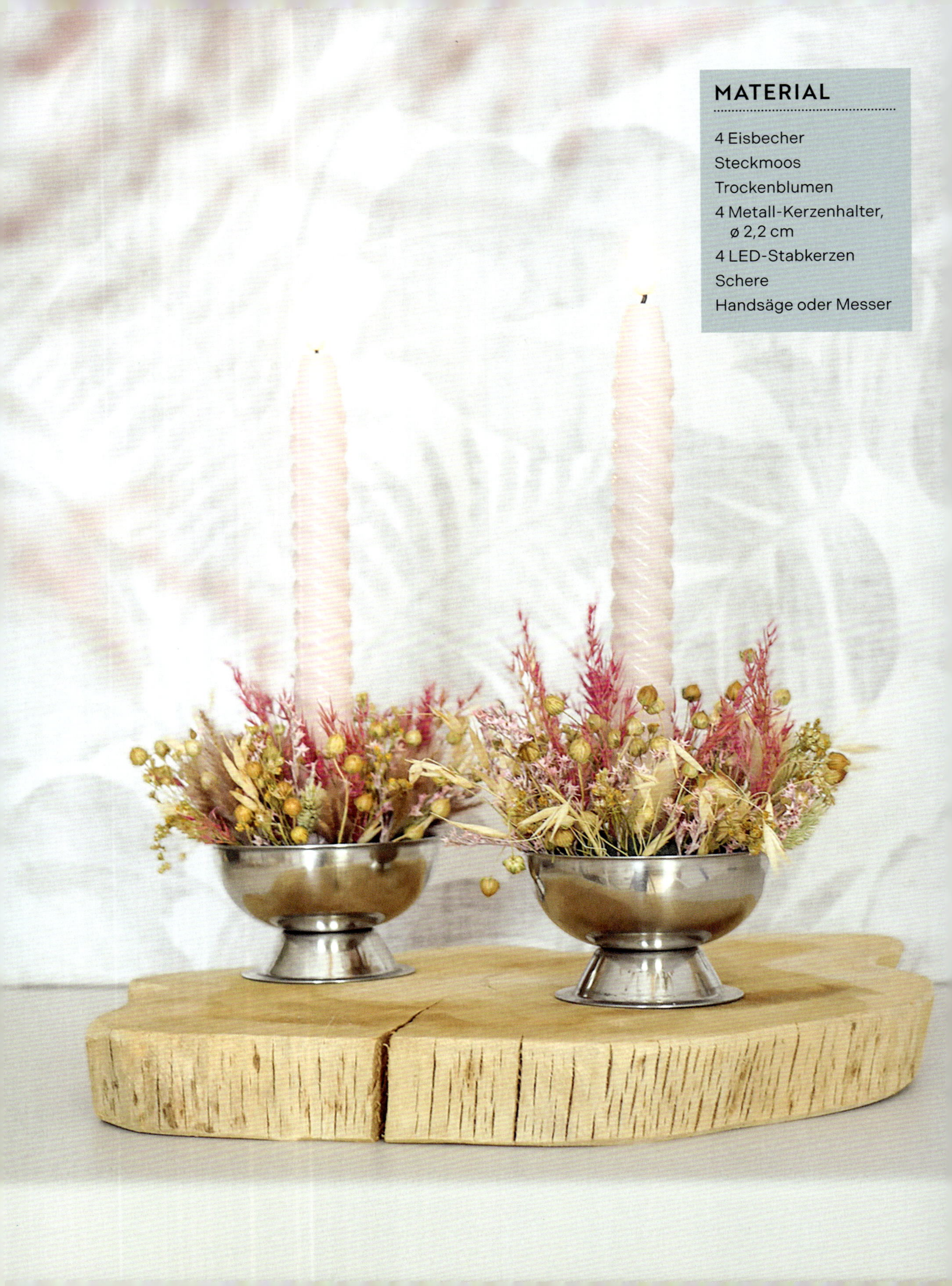

MATERIAL

- 4 Eisbecher
- Steckmoos
- Trockenblumen
- 4 Metall-Kerzenhalter, ø 2,2 cm
- 4 LED-Stabkerzen
- Schere
- Handsäge oder Messer

TROCKENBLUMEN-ADVENTSGESTECK

in Eisbechern

1

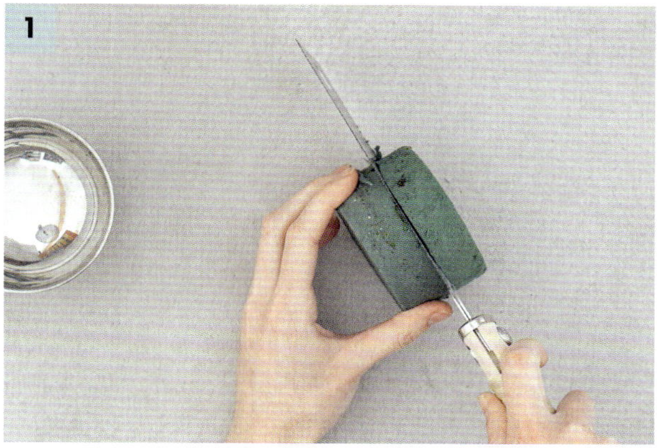

2

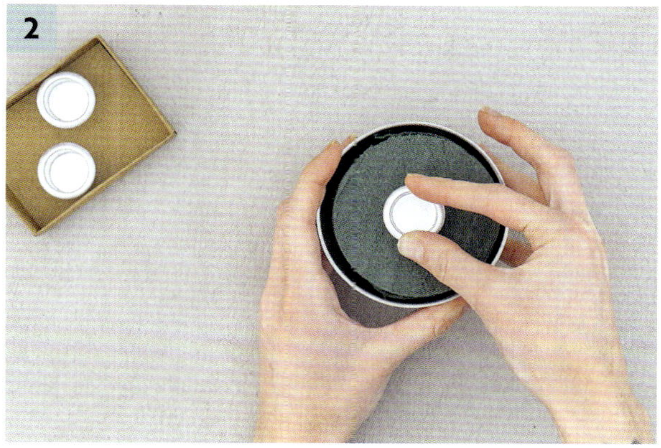

3

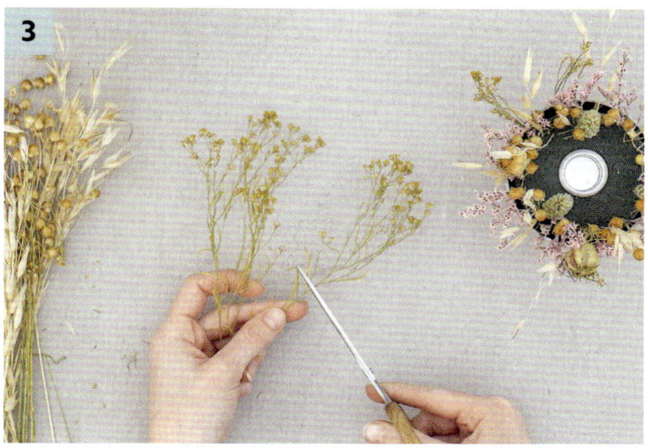

4

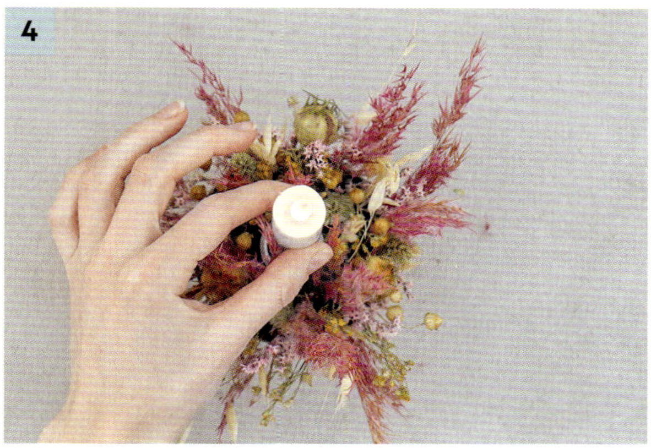

1. Das Moosgummi mit einer Handsäge oder einem großen Messer so zuschneiden, dass es den Eisbecher ausfüllt.

2. Kerzenhalter mittig in das Moosgummi drücken.

3. Kleine Teile der Trockenblumen abschneiden und in das Moosgummi stecken. Mit einer Trockenblumenart beginnen und nach und nach mit weiteren Sorten auffüllen, bis ein üppiger Strauß entstanden ist.

4. Batterien in die LED-Kerzen einsetzen und in die Kerzenhalter stecken. Nicht mit normalen Kerzen verwenden, da die Trockenblumen leicht entzündlich sind.

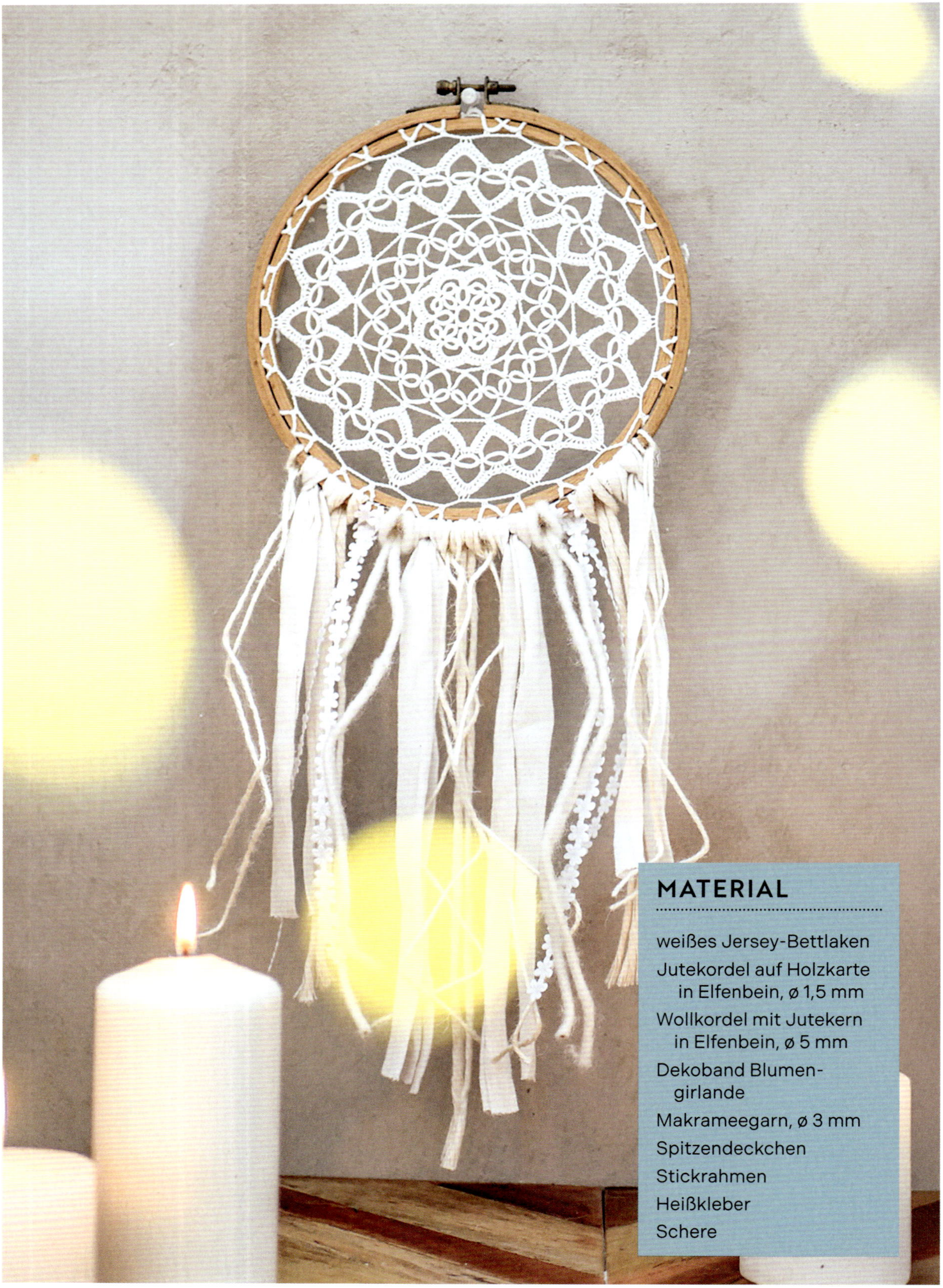

MATERIAL

weißes Jersey-Bettlaken
Jutekordel auf Holzkarte in Elfenbein, ø 1,5 mm
Wollkordel mit Jutekern in Elfenbein, ø 5 mm
Dekoband Blumengirlande
Makrameegarn, ø 3 mm
Spitzendeckchen
Stickrahmen
Heißkleber
Schere

TRAUMFÄNGER

aus Spitzendeckchen und Bettlaken

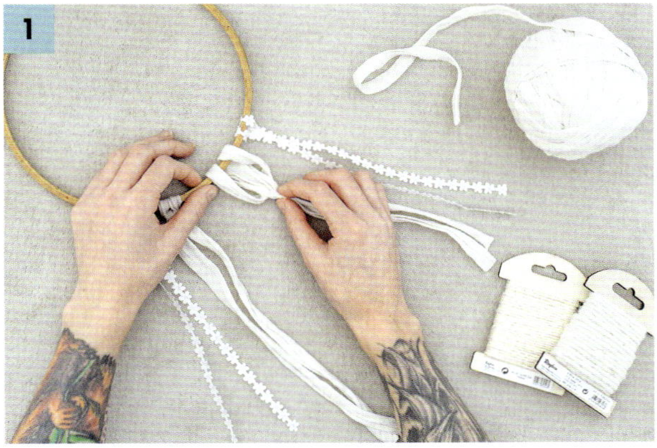

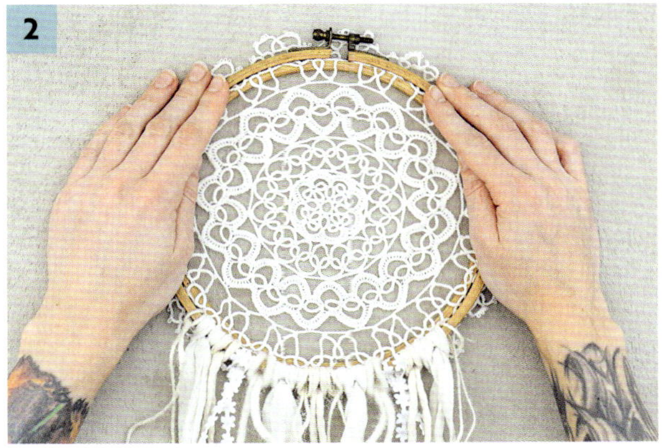

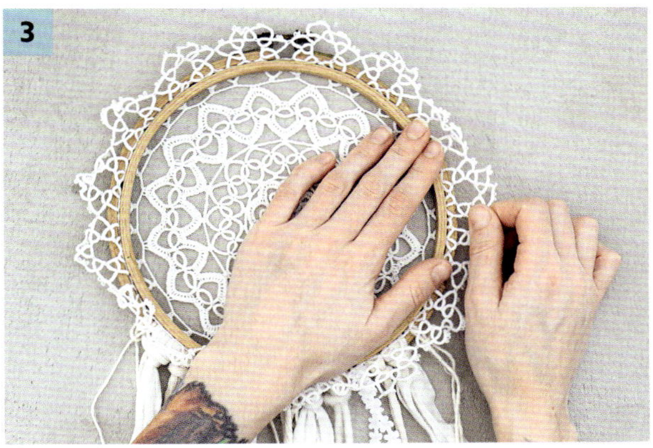

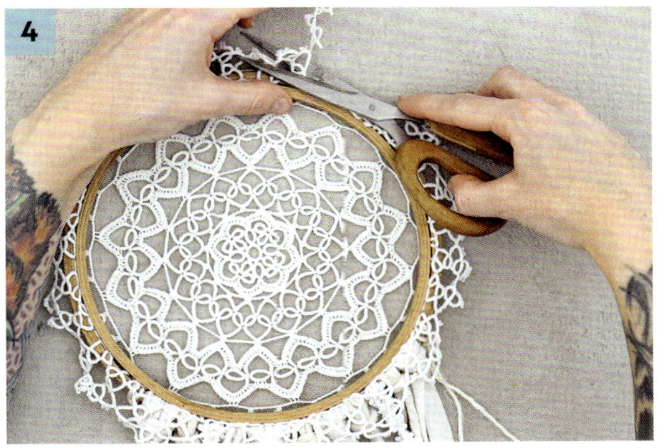

1. Jersey-Bettlaken von außen beginnend spiralförmig in gleichbleibender Breite einschneiden, bis die Mitte erreicht ist. Den Teil mit Spanngummi entfernen und den Rest unter Ziehen zu einem Knäuel aufwickeln. Alternativ kann auch ein weißes T-Shirt oder ein anderes Kleidungsstück verwendet werden. Das dadurch entstandene Textilgarn abwechselnd mit den anderen Kordeln und Garnen am äußeren Teil des Stickrahmens festknoten. Auf die Symmetrie achten und immer zwei Garne bzw. Kordeln gleicher Sorte auf jeder Seite anbringen.

2. Spitzendeckchen auf den inneren Ring des Stickrahmens legen und den äußeren Ring darüberstülpen. Darauf achten, dass die Schraube mittig über den angeknoteten Garnen sitzt. Ring etwas, aber nicht gänzlich, über die Schraube festziehen.

3. Stickrahmen umdrehen und den Rand des Spitzendeckchens gleichmäßig an allen Seiten anziehen, um das Spitzendeckchen zu spannen. Ring anschließend mittels der Schraube gänzlich festziehen.

4. Überstehenden Rand des Spitzendeckchens mit etwa 1 cm Puffer abschneiden und am Stickrahmen festkleben, sodass sich nichts mehr verziehen kann.

ALTES GESCHIRR

bemalen

MATERIAL

altes Geschirr

Porzellan- & Glas-Marker in Gold

Porzellan- & Glas-Marker in Schwarz

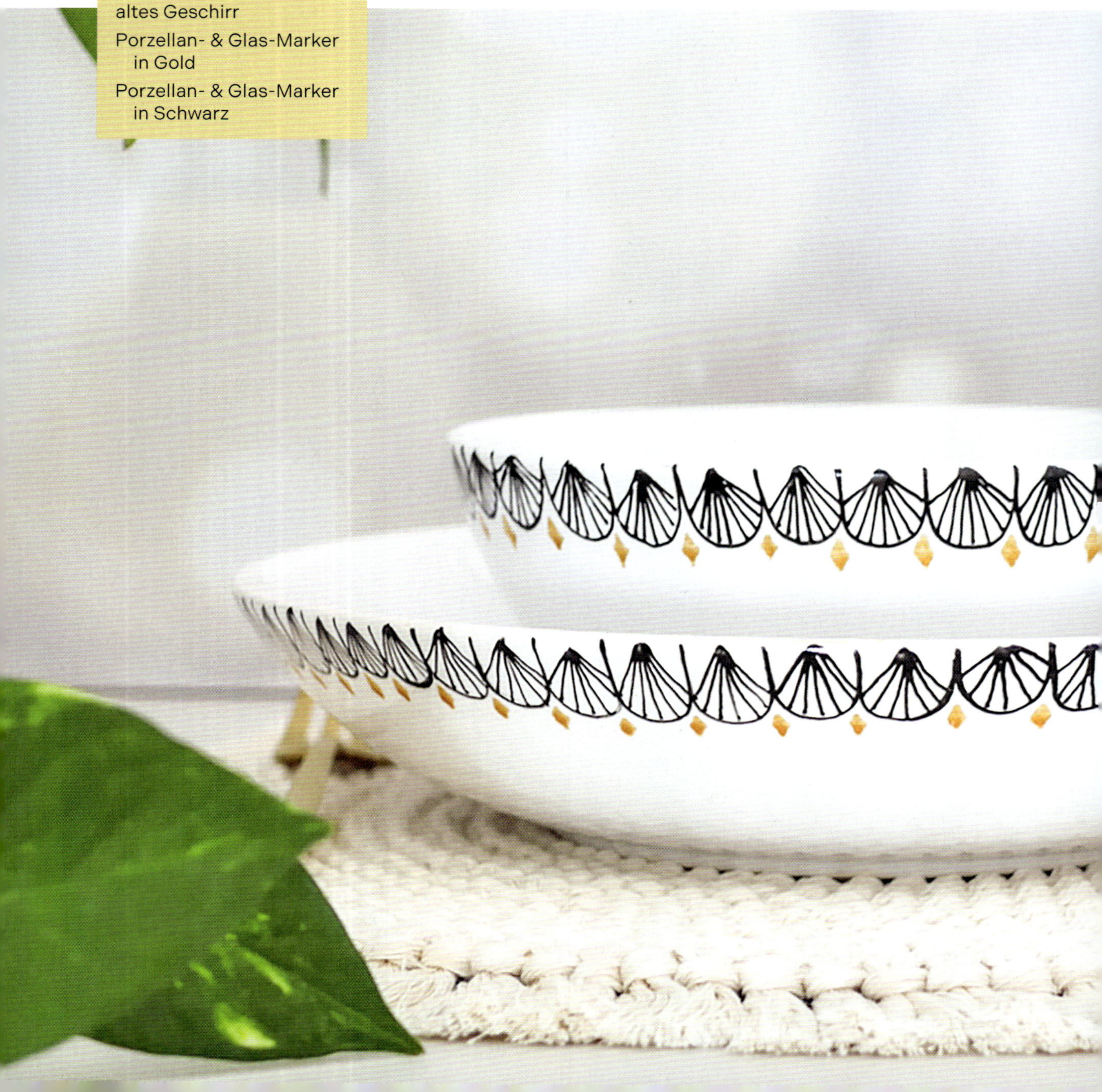

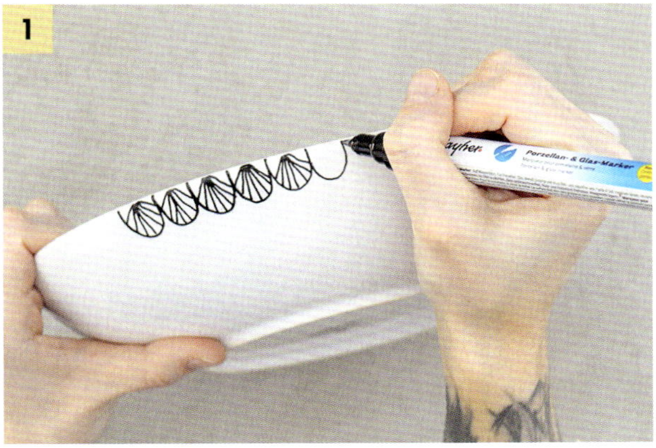

1. Das alte Geschirr reinigen, sodass es staub- und fettfrei ist. Am Rand des Geschirrs mit dem schwarzen Porzellan-Marker einen Halbkreis zeichnen und mittig eine Linie durch den Halbkreis durchziehen. Von dem oberen Endpunkt der Linie links und rechts fächerförmig jeweils drei weitere Linien ziehen. So fortführen, bis der komplette Rand des Tellers oder der Schüssel bemalt ist. Die Farbe darf nur außerhalb des Nutzbereiches aufgetragen werden.

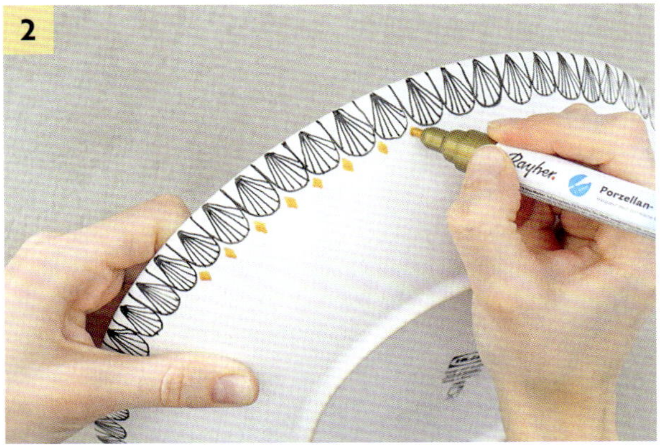

2. Die schwarze Farbe kurz antrocknen lassen. Mit dem goldenen Porzellan-Marker kleine Rauten unter die Halbkreise zeichnen. Farbe mindestens 4 Stunden trocknen lassen.

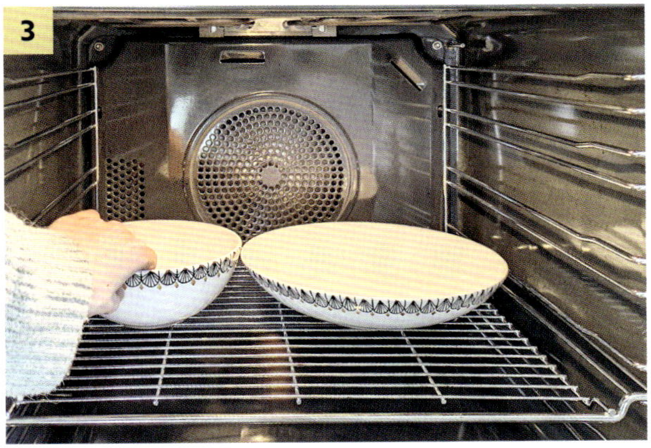

3. Ofen auf 160 °C einstellen und Geschirr in den nicht vorgeheizten Ofen stellen. Nach 30 Minuten den Ofen ausstellen und das Geschirr im Ofen auskühlen lassen. Durch das Einbrennen ist die Farbe spülmaschinenfest.

MATERIAL

kleine Schüssel

Metall-Kerzenhalter, ø 2,2 cm

Kraftkleber

Acrylspray in Schwarz

Eukalyptusbund

LED-Stabkerze

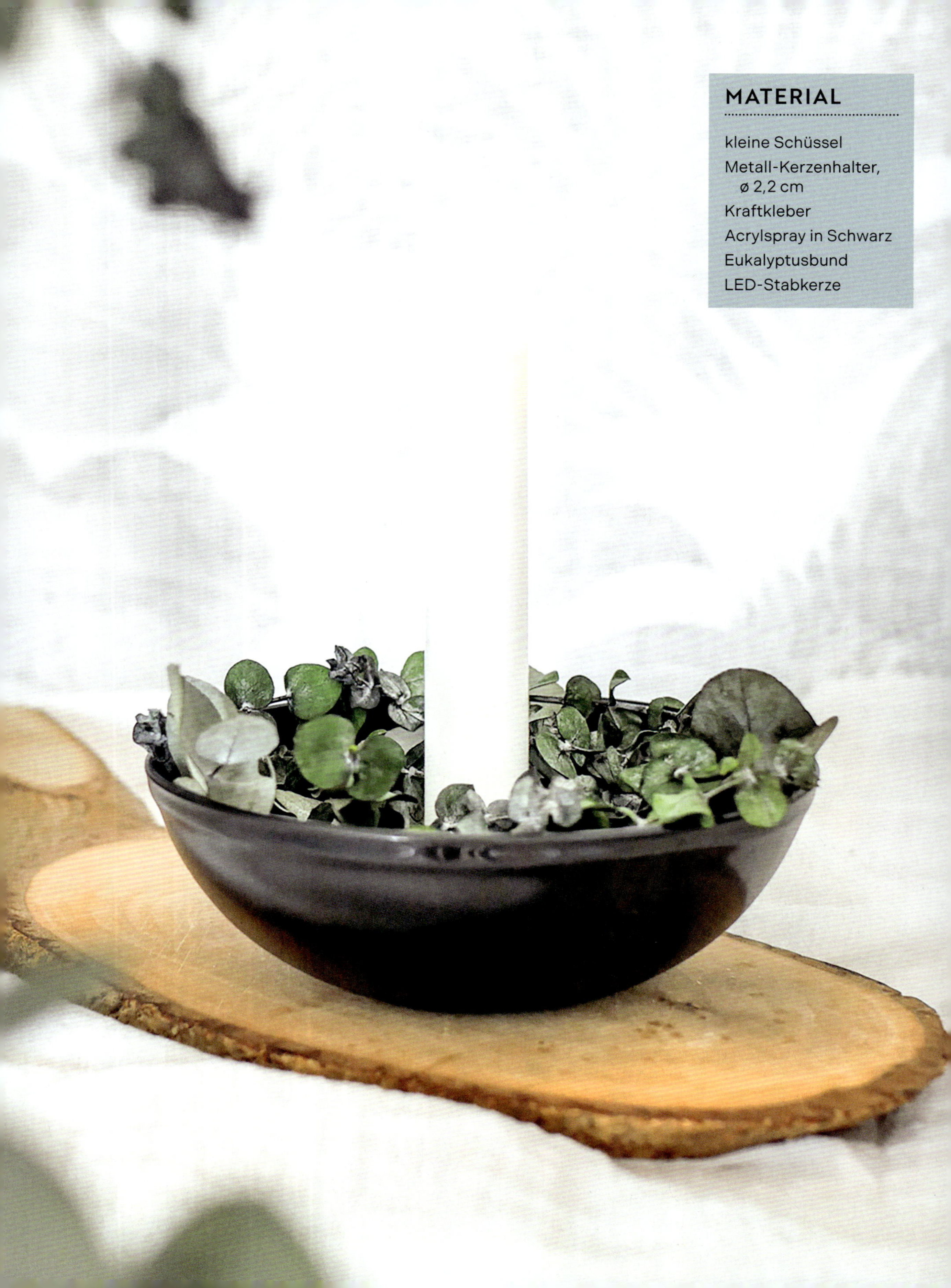

KERZENHALTER

aus einer Schüssel

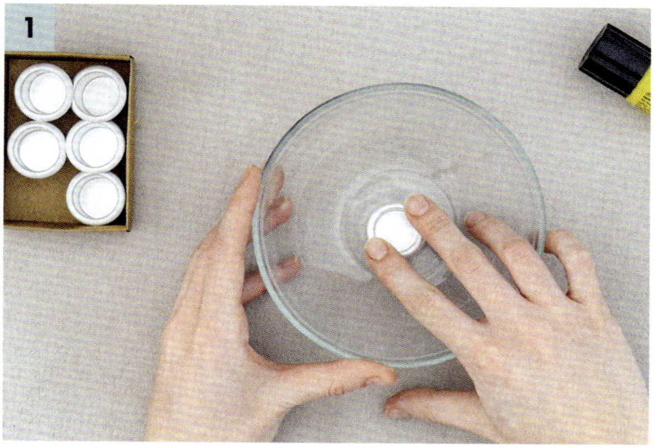

1. Metall-Kerzenhalter mit etwas Kraftkleber mittig in die Schüssel kleben und aushärten lassen.

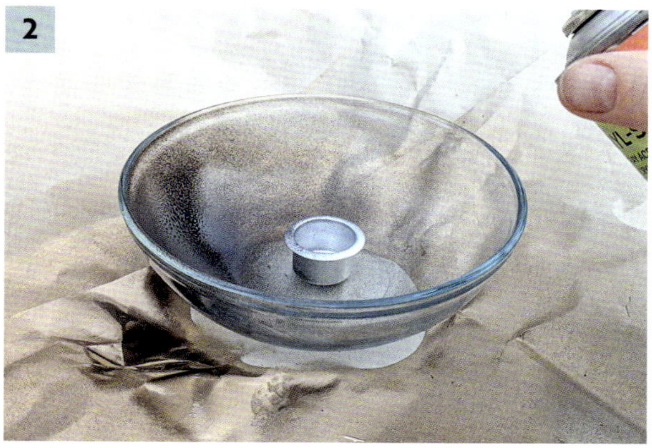

2. Schüssel mit schwarzem Acrylspray von beiden Seiten lackieren. Dabei die Anweisungen auf der Dose beachten. Falls eine Schicht nicht direkt deckt, nach dem Trocknen eine zweite auftragen. Immer nur im Freien sprühen und den Untergrund gut abdecken. Ein Stück Papier mit einem Eselsohr als Unterlage hilft dabei, das Objekt beim Sprühen einfach zu drehen und so von allen Seiten lackieren zu können.

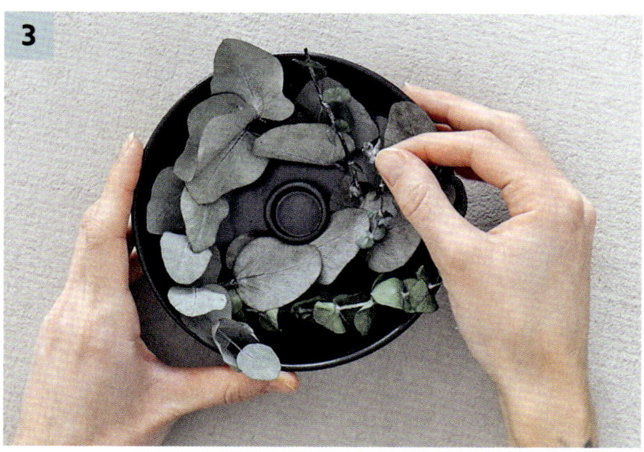

3. Eukalyptus um den Kerzenhalter herum drapieren. Mit den großen Blättern beginnen und mit den kleinsten Blättern enden. LED-Kerze in die Halterung stecken. Echte Kerzen nur unter Aufsicht brennen lassen, da der getrocknete Eukalyptus brennbar ist.

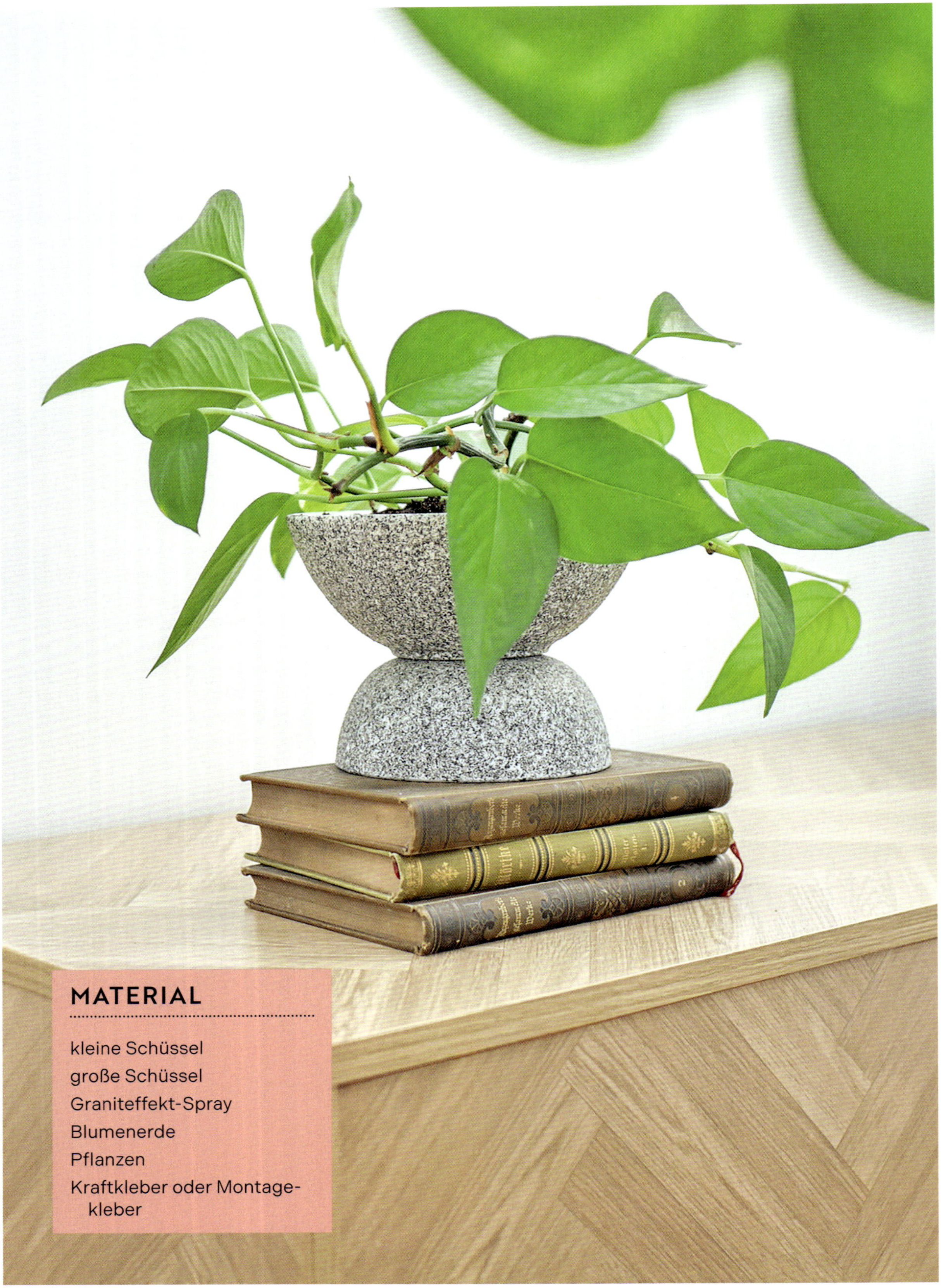

MATERIAL

kleine Schüssel
große Schüssel
Graniteffekt-Spray
Blumenerde
Pflanzen
Kraftkleber oder Montagekleber

PLANTSTAND

aus Geschirr

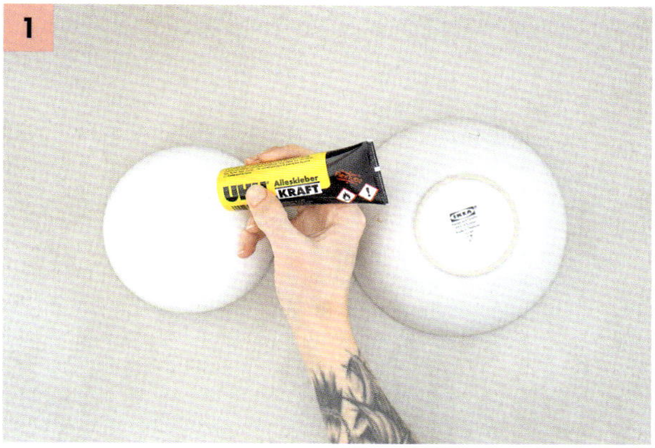

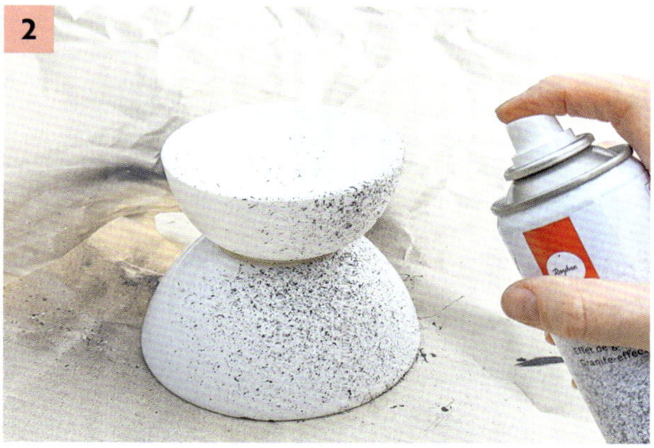

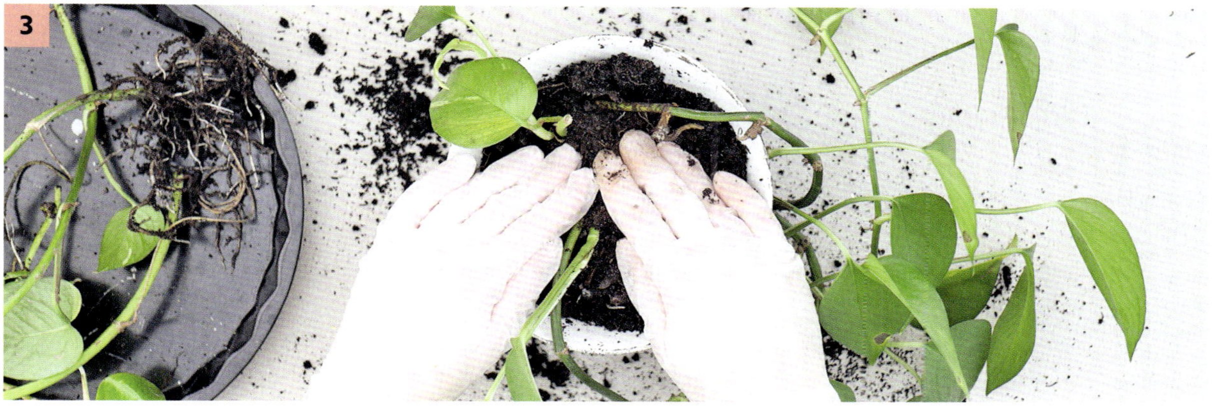

1. Die beiden Schüsseln mit Kraftkleber oder Montagekleber am Boden zusammenkleben. Kleber aushärten lassen.

2. Schüsseln mit Graniteffekt-Spray lackieren und den Plantstand dabei so stellen, dass die zu bepflanzende Schale nach unten zeigt und nur von außen lackiert wird. Dabei die Anweisungen auf der Dose beachten. Falls eine Schicht nicht direkt deckt, nach dem Trocknen eine zweite auftragen. Immer nur im Freien sprühen und den Untergrund gut abdecken. Ein Stück Papier mit einem Eselsohr als Unterlage hilft dabei, das Objekt beim Sprühen einfach zu drehen und so von allen Seiten lackieren zu können.

3. Obere Schüssel mit Erde füllen und nach Wunsch bepflanzen.

KERZENGIESSEN

in alte Tassen

MATERIAL

- Wachslinsen oder Kerzenreste
- Kerzendocht
- doppelseitiger Klebepunkt
- Schmelztopf
- Dochthalter
- Pearl-Pen in Gold

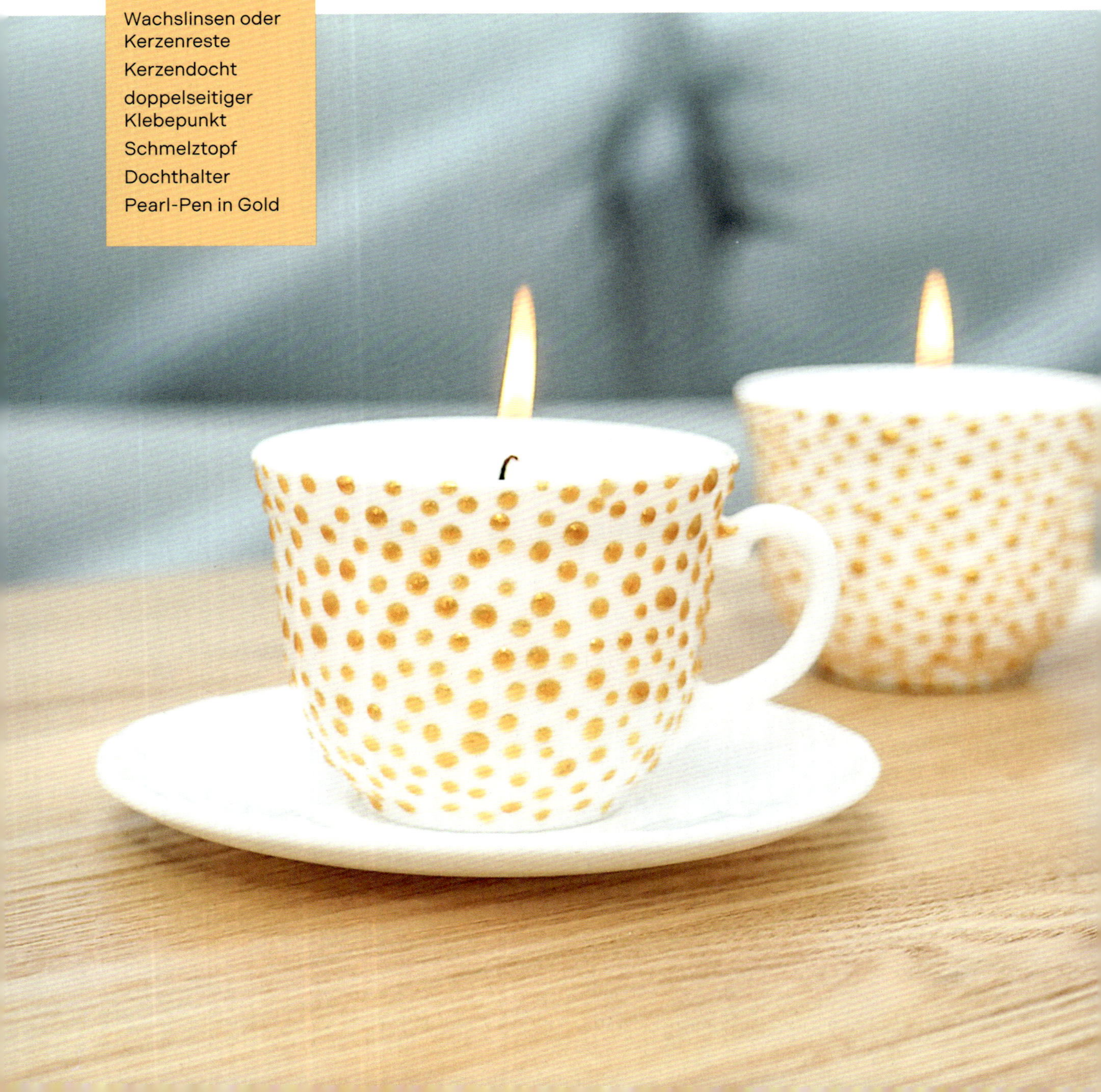

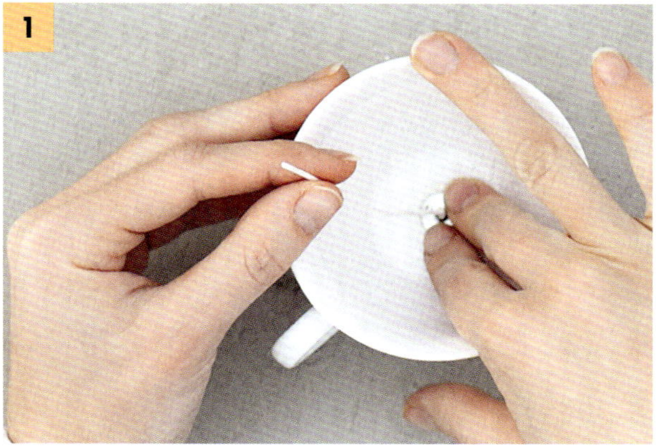

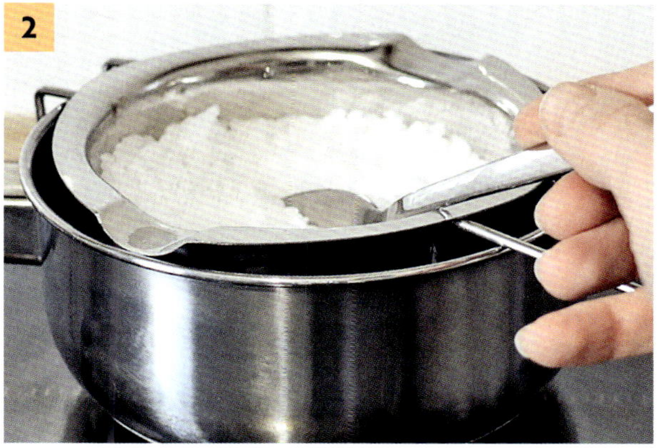

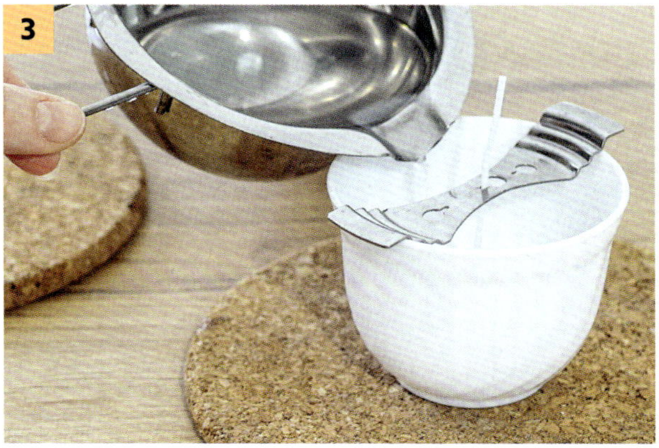

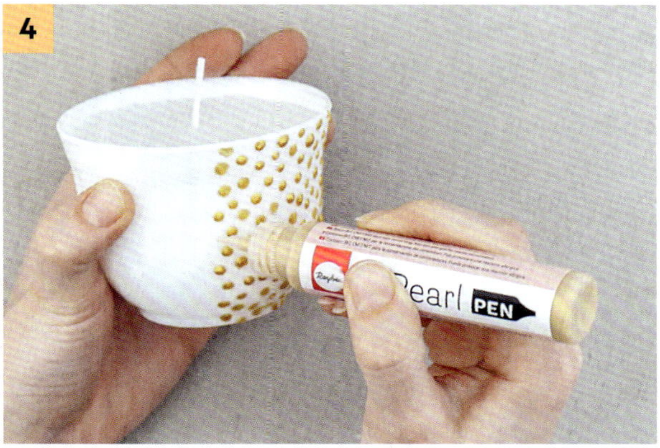

1. Docht mit einem doppelseitigen Klebepunkt mittig am Tassenboden befestigen. Die Länge des Dochts hängt von der Größe der Tasse ab. Der Docht sollte mindestens 1 cm länger sein als die Tasse hoch ist.

2. Wachslinsen mit einem Schmelztopf im Wasserbad schmelzen. Den Schmelzvorgang aufgrund erhöhter Brandgefahr stets beaufsichtigen. Alternativ können auch Kerzenreste eingeschmolzen werden. Dann den verrußten Teil des Dochtes vorher abschneiden und die restlichen Dochtreste nach dem Schmelzen entfernen.

3. Docht mit einem Dochthalter mittig fixieren. Heißes Wachs in die Tasse einfüllen und etwas Puffer zum Rand lassen. Nach dem Abkühlen erneut etwas Wachs schmelzen und den Krater auffüllen, der sich beim Abkühlen gebildet hat.

4. Mit einem goldenen Pearl-Pen Punkte auf die Tasse aufbringen. Dabei konstant etwas Druck auf die Tube ausüben, sodass ein bisschen Farbe hervortritt. Farbe auf die Tasse aufbringen, ohne dass die Spitze der Tube die Tasse selbst berührt, da die Punkte sonst platt werden, statt wie Perlen auszusehen. Punkte gut aushärten lassen.

SPIELFIGUREN-KERZENSTÄNDER

MATERIAL

Spielfigur
Blattmetall in Silber
Anlegemilch
Schutzlack
Metall-Kerzenhalter, ø 2,2 cm
Montagekleber
Bastelmesser
LED-Stabkerze

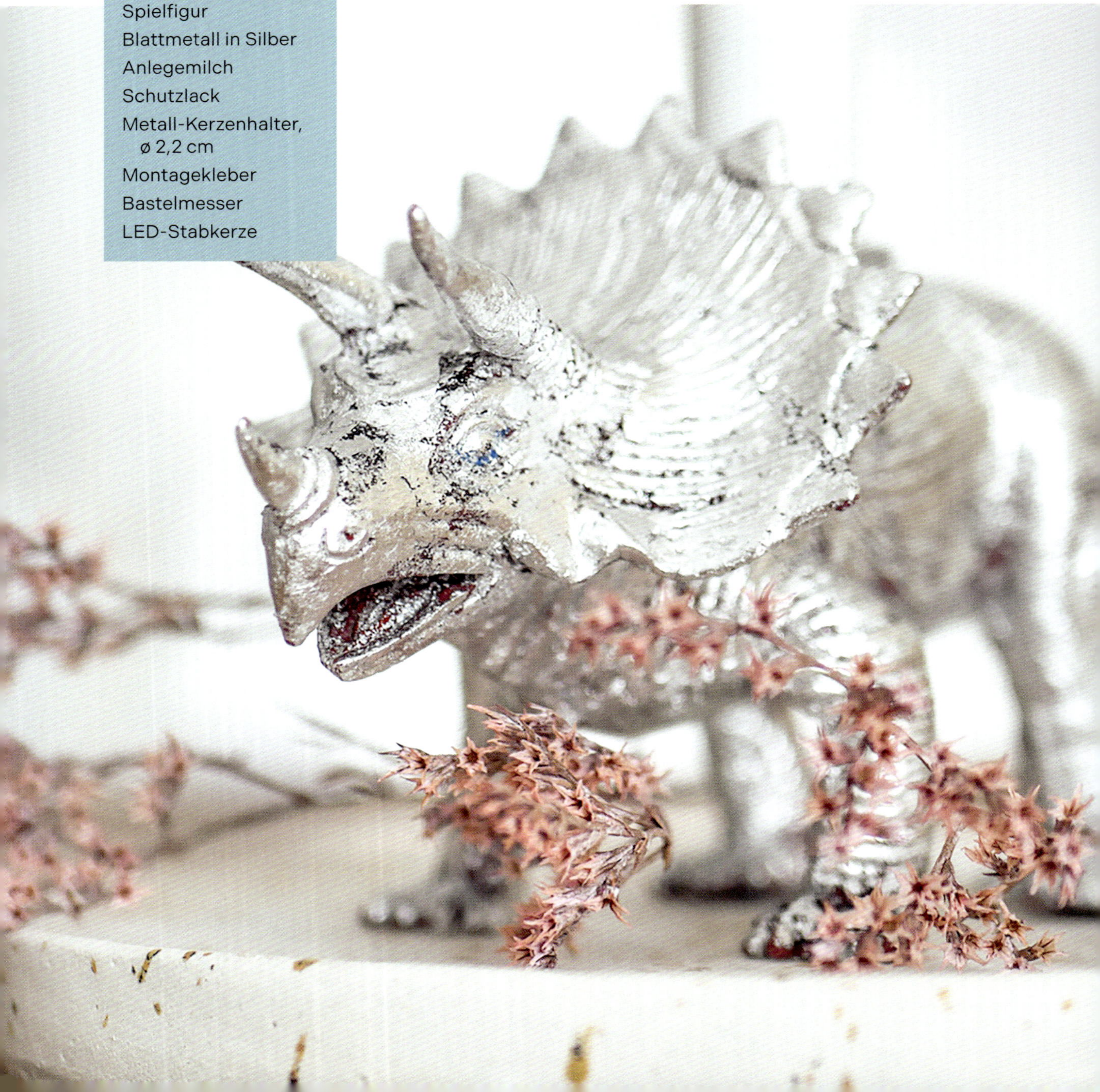

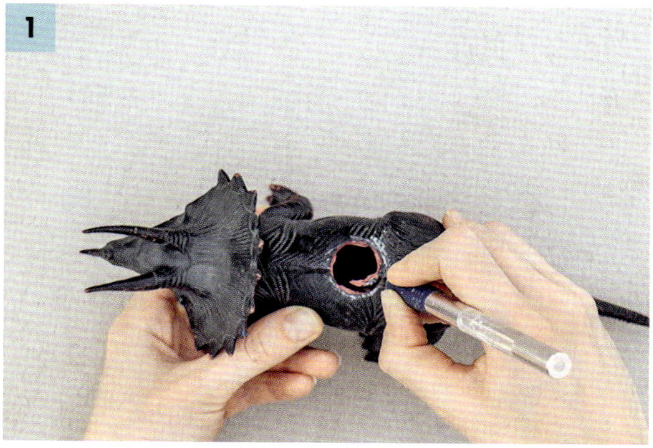

1. Mit einem Kreidemarker oder Kugelschreiber den Umfang des Kerzenhalters auf den Rücken der Spielfigur übertragen. Loch mit dem Bastelmesser ausschneiden. Zwischendurch testen, ob der Kerzenhalter passt, und gegebenenfalls noch mal nachschneiden. Dies funktioniert nur bei hohlen Spielfiguren. Bei massiven Figuren das Loch in Größe des Kerzenhalters mit einem Standbohrer aushöhlen.

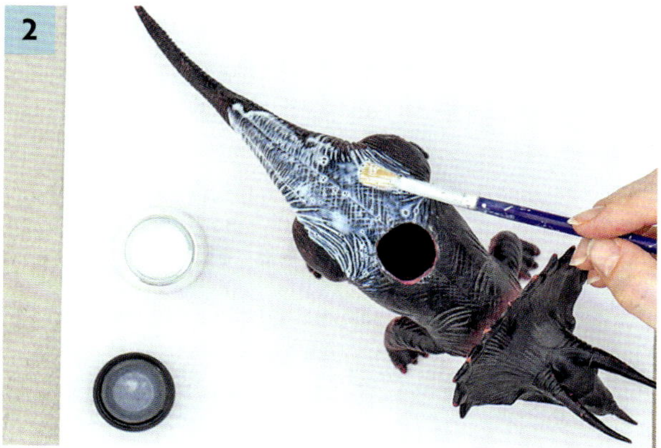

2. Spielfigur mit Anlegemilch bestreichen und diese mindestens 15 Minuten trocknen lassen. Die Anlegemilch darf nicht mehr feucht sein.

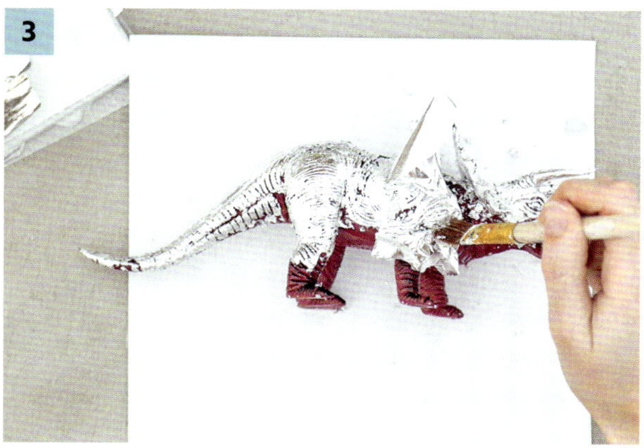

3. Blattmetall in Silber auflegen und mit einem Pinsel feststreichen. Fortfahren, bis die gesamte Spielfigur versilbert ist.

Fortsetzung Seite 96

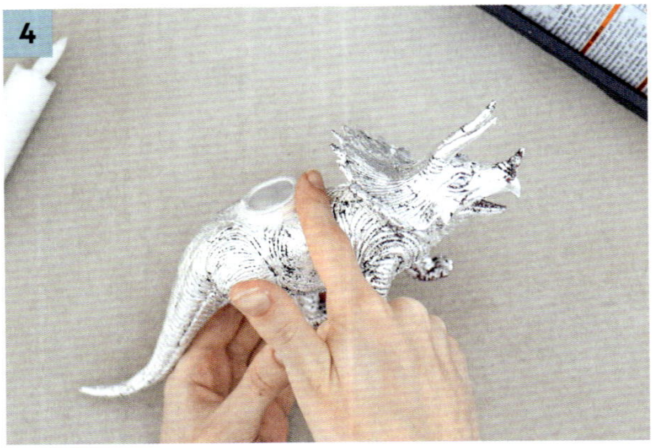

4. Kerzenhalter mit Montagekleber bestreichen und in das Loch drücken. Darauf achten, dass der Kerzenhalter gerade im Loch steckt. Etwaige Lücke zum Rücken mit Montagekleber auffüllen, falls der Rücken der Spielfigur nicht ganz gerade ist. Kleber trocknen lassen. Gegebenenfalls mit Blattmetall nachbearbeiten.

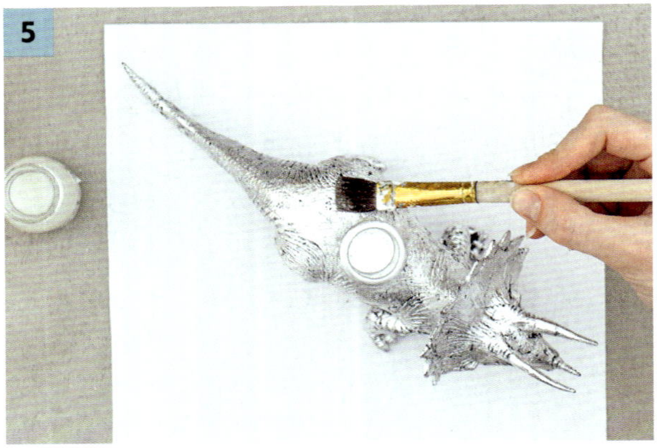

5. Spielfigur mit Schutzlack für Blattmetall versiegeln. Lack trocknen lassen und LED-Kerze in die Halterung stecken.

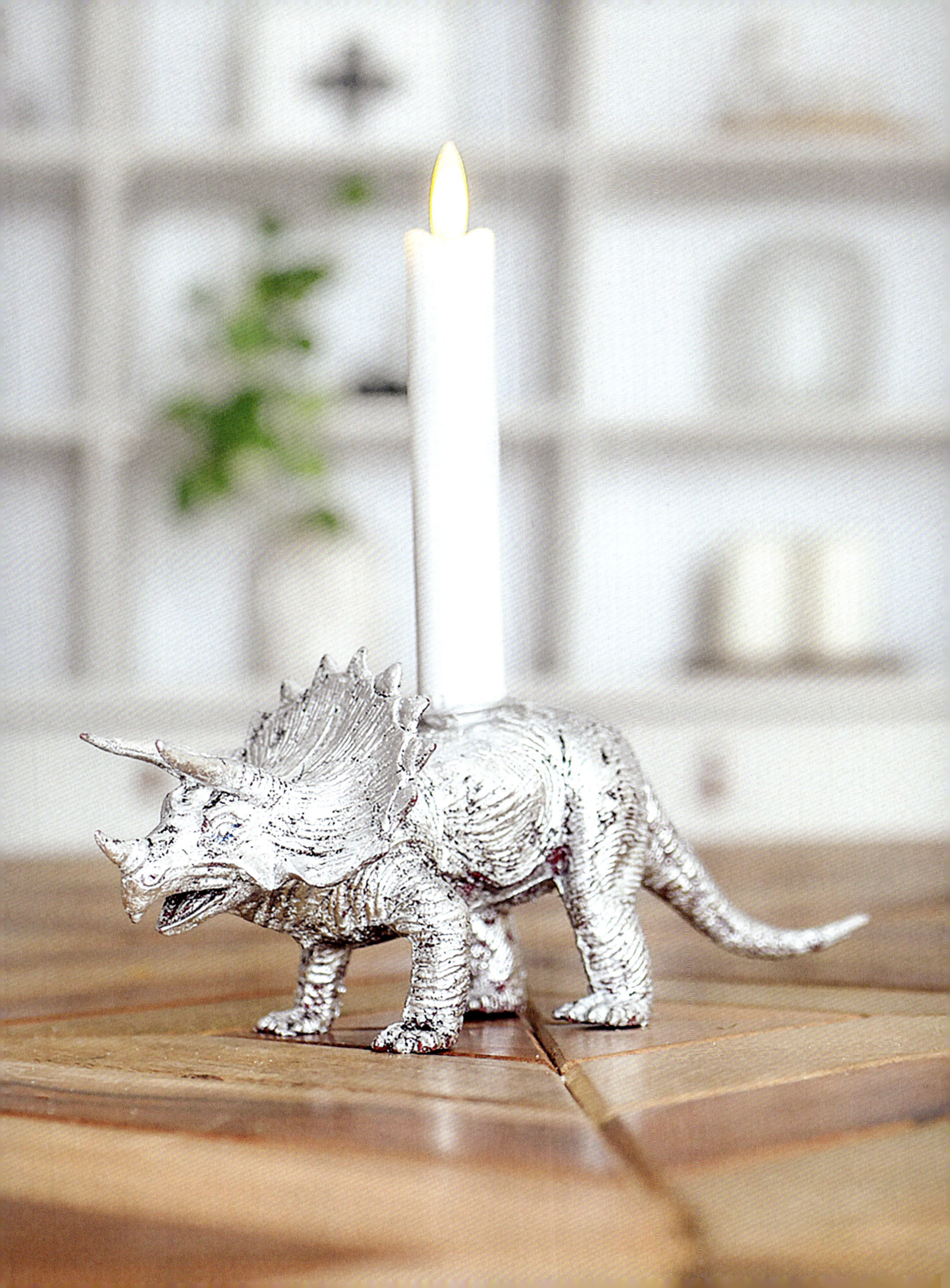

MATERIAL

- 2 Blumentöpfe mit Entwässerungsloch
- Acrylfarbe in Dunkelbraun, Schwarz und Gold
- High-gloss-Metallic-Spray in Gold
- Geschenkband
- Jutekordel
- Pinsel
- Schwamm
- Schere

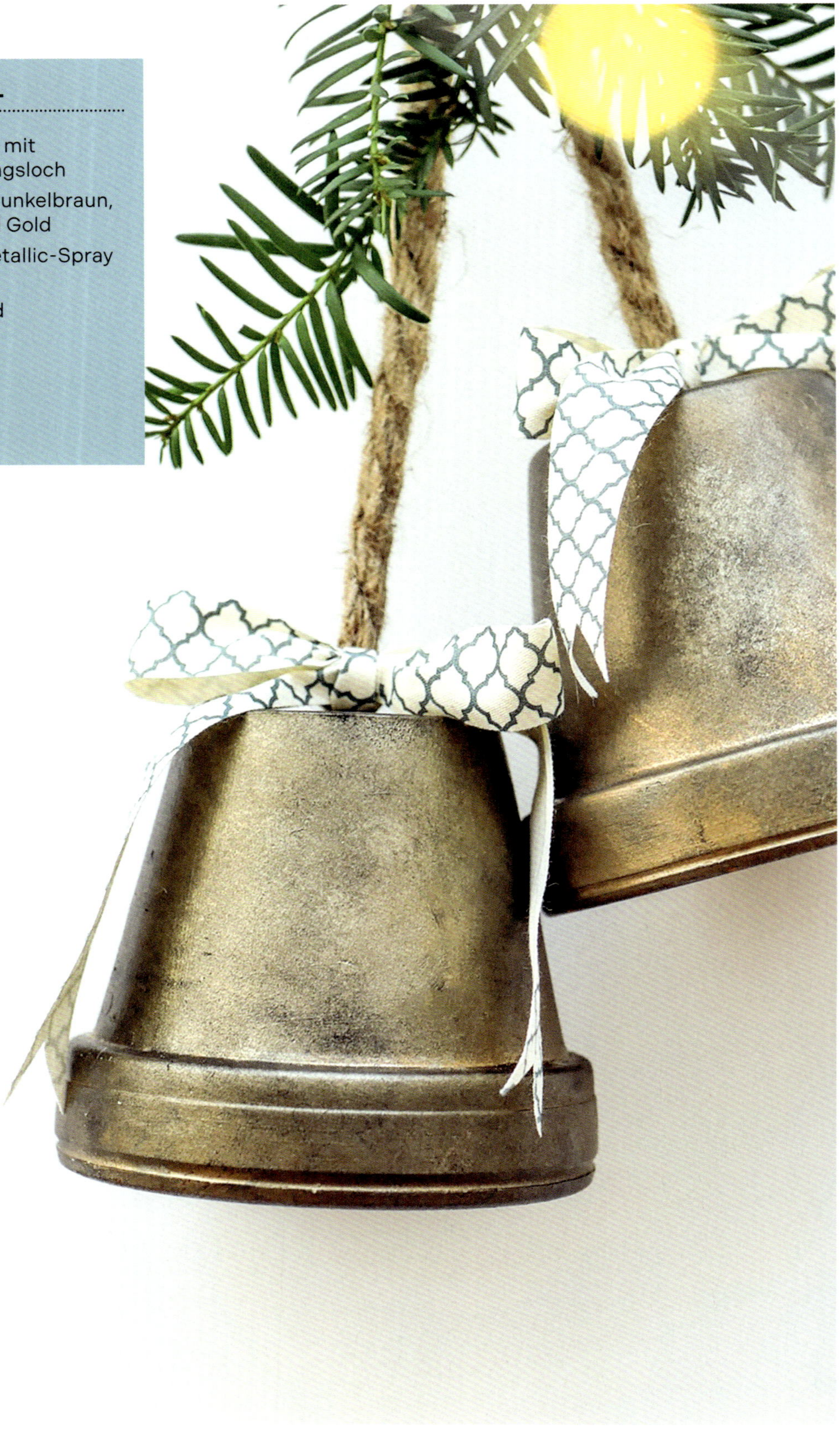

WEIHNACHTS-GLOCKEN

aus Blumentöpfen

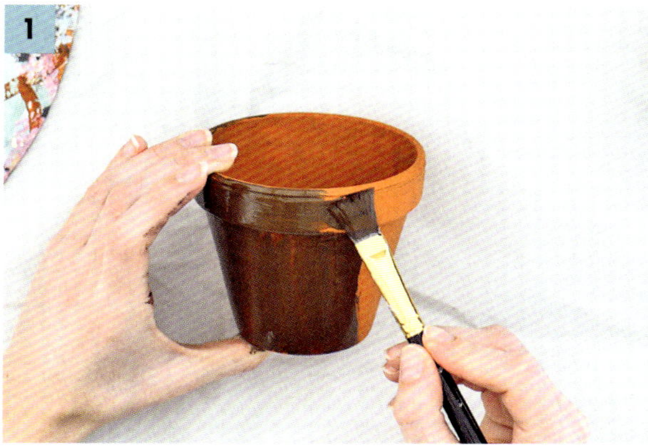

1. Blumentöpfe von innen und außen mit dunkelbrauner Acrylfarbe lackieren. Ungleichmäßigkeiten stellen kein Problem dar. Farbe trocknen lassen.

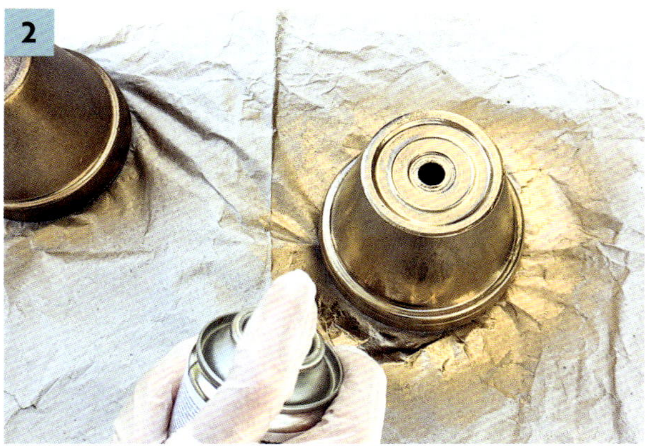

2. Blumentöpfe von innen und außen mit goldenem Metallic-Spray lackieren. Dabei Handschuhe tragen und die Anweisungen auf der Dose beachten. Farbe nicht trocknen lassen und direkt zu Schritt 3 übergehen.

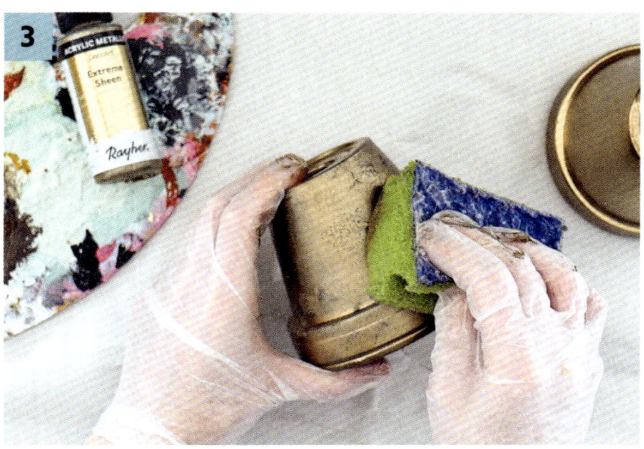

3. Goldene und schwarze Acrylfarbe auf eine Farbpalette oder andere Unterlage geben und gleichzeitig mit dem Schwämmchen aufnehmen. Die beiden Farben vorher nicht miteinander vermischen. Mit dem Schwämmchen über die Blumentöpfe gehen und so lange tupfen und verblenden, bis eine Patina entsteht. Farbe anschließend trocknen lassen.

Fortsetzung Seite 100

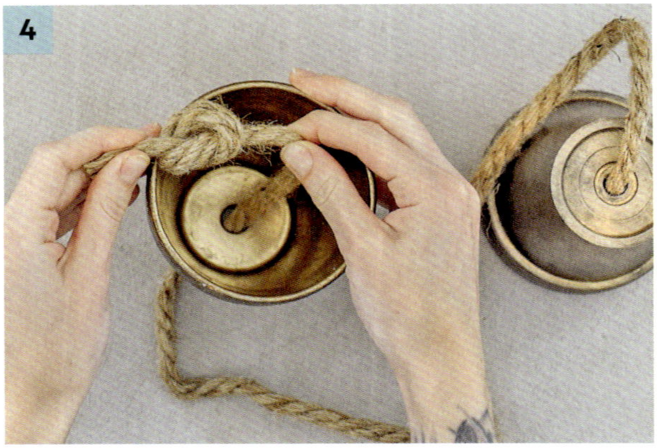

4. Jutekordel durch das Loch eines Blumentopfs ziehen und von innen verknoten, damit der Blumentopf nicht mehr von der Kordel rutschen kann. Das andere Ende der Kordel durch das Loch des zweiten Blumentopfs ziehen und ebenfalls verknoten.

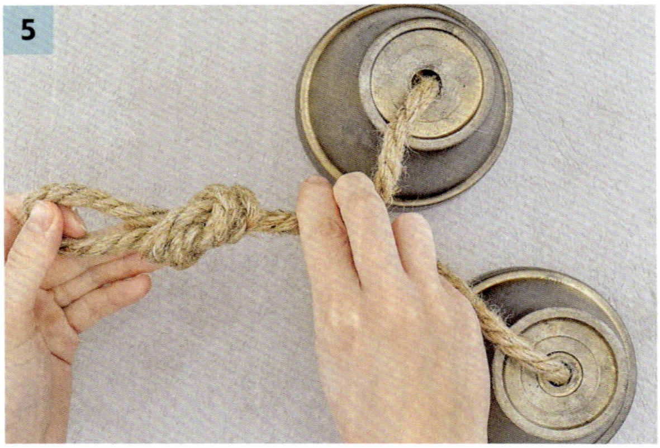

5. Jutekordel oben so verknoten, dass die Glocken etwas versetzt übereinander liegen.

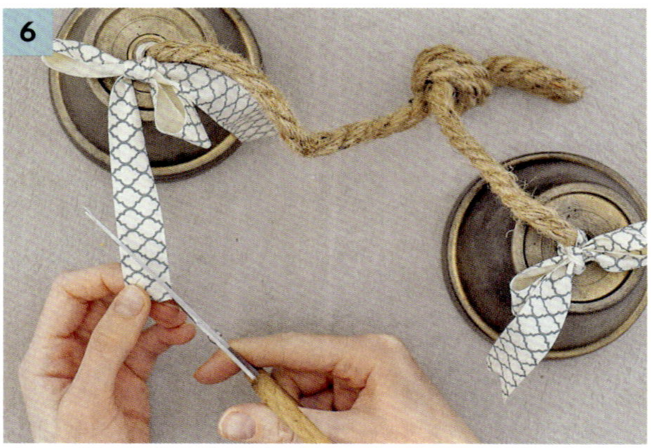

6. Mit Geschenkband jeweils eine Schleife um die Kordel binden, sodass direkt über jeder Glocke eine Schleife sitzt. An den Geschenkbandenden ein Dreieck ausschneiden.

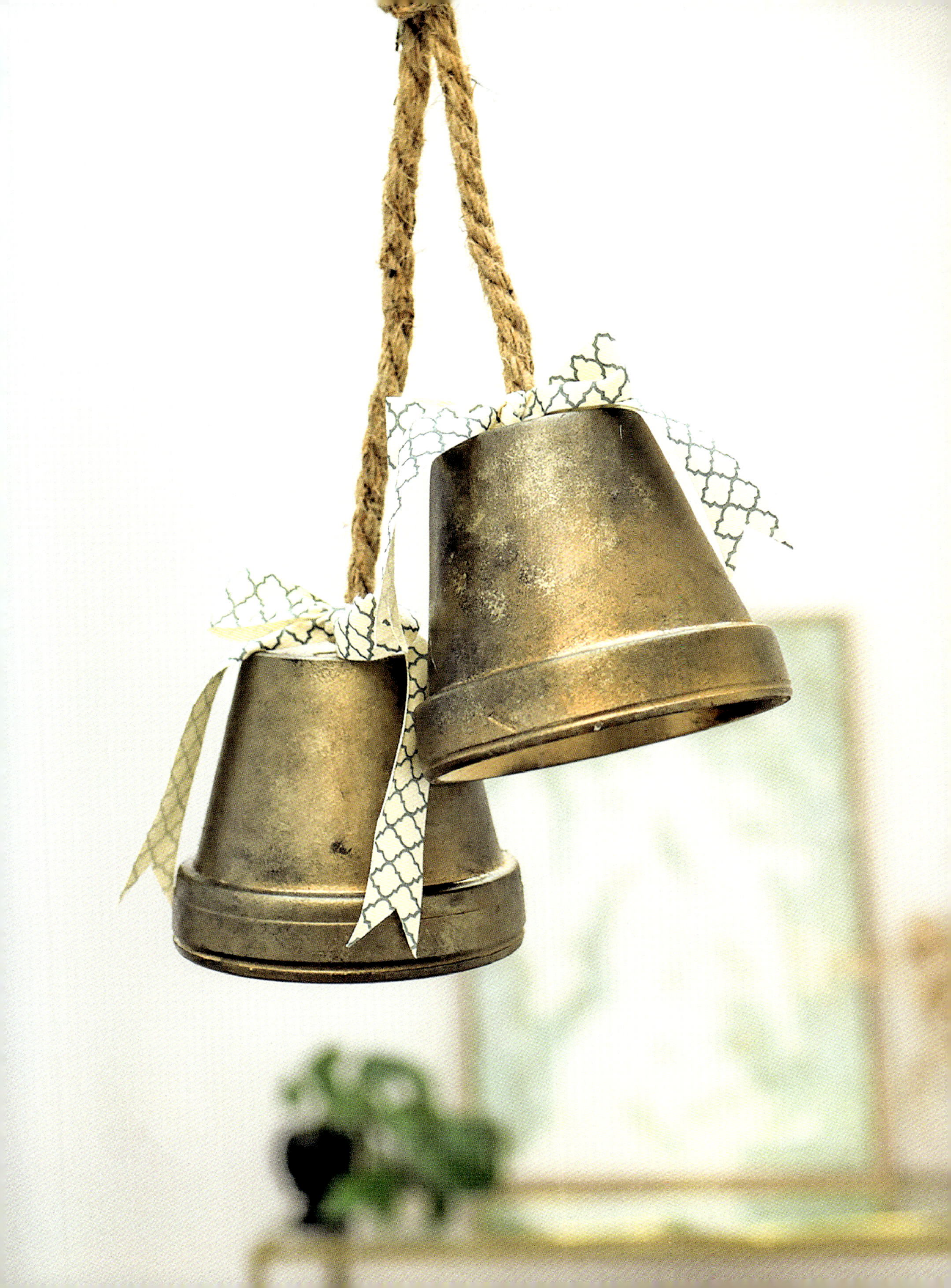

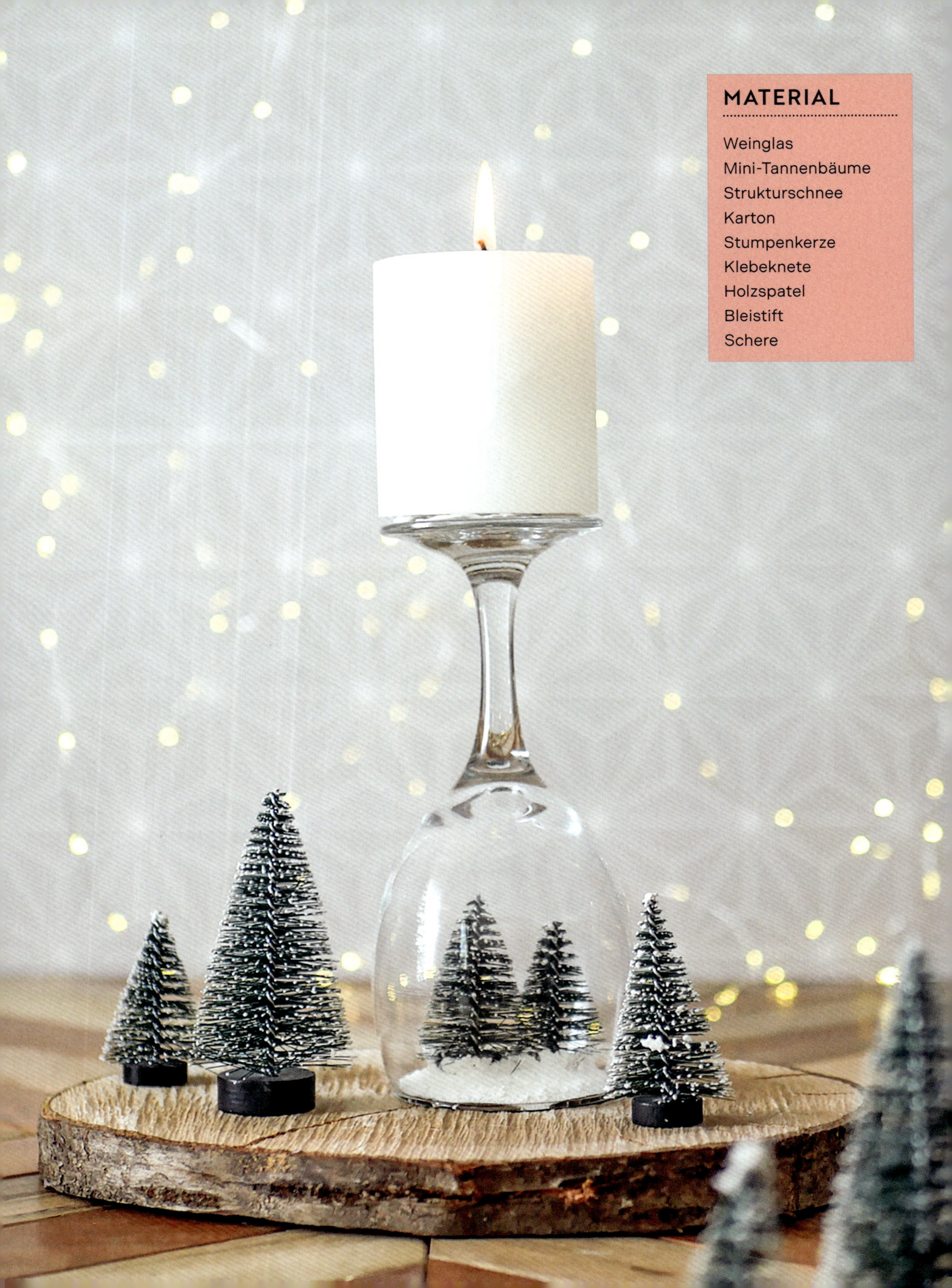

MATERIAL

- Weinglas
- Mini-Tannenbäume
- Strukturschnee
- Karton
- Stumpenkerze
- Klebeknete
- Holzspatel
- Bleistift
- Schere

WEIHNACHTLICHE KERZENSTÄNDER

aus Weingläsern

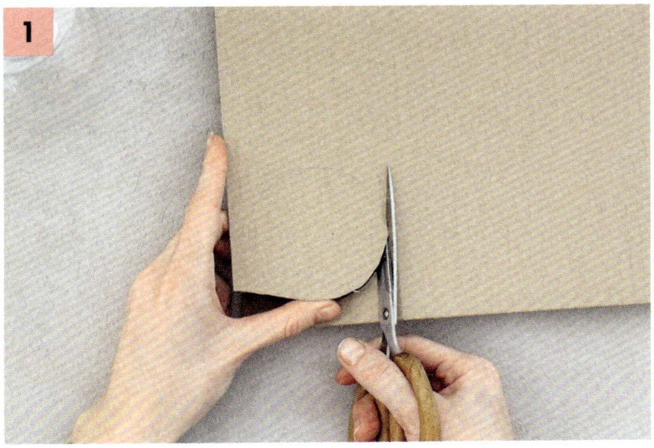

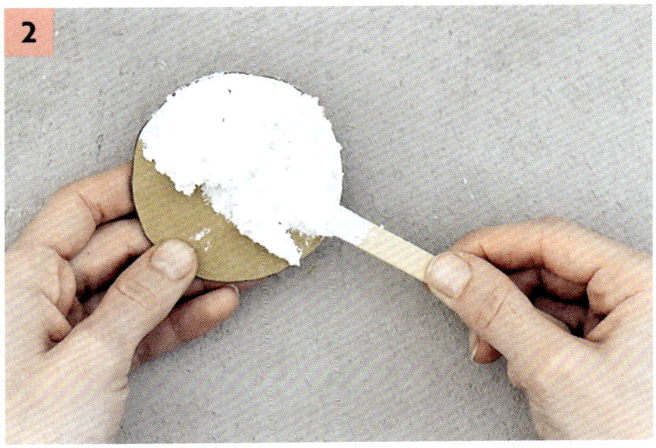

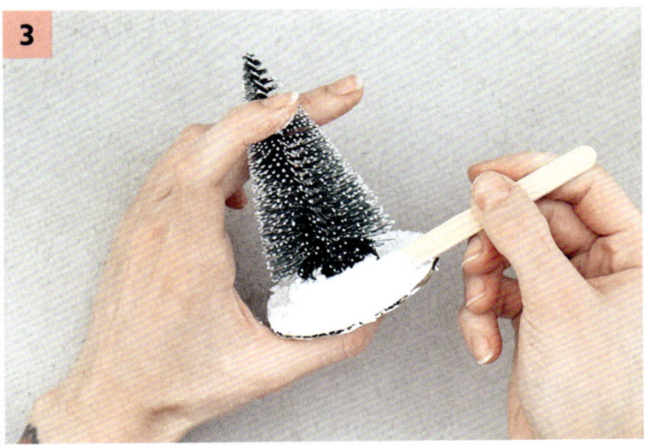

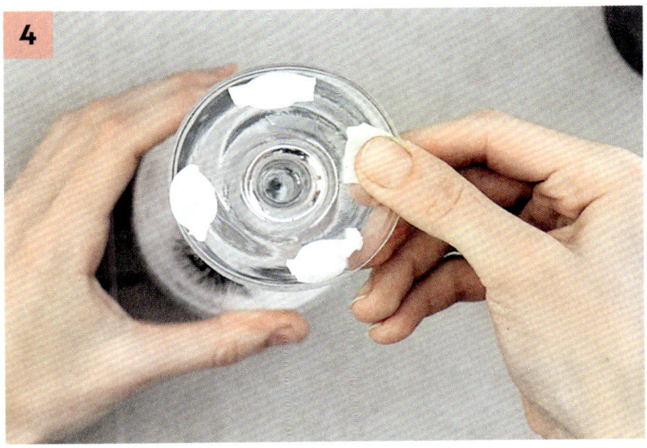

1. Weinglas mit der Öffnung auf ein Stück Karton stellen und mit einem Bleistift den Umfang nachziehen. Kreis etwas kleiner als aufgemalt ausschneiden, sodass er in die Öffnung des Glases passt.

2. Mit einem Holzspatel Strukturschnee auf den Kartonkreis aufbringen. Entweder zwei kleinere oder einen größeren Tannenbaum in den Schnee drücken.

3. Sockel der Bäume mit Strukturschnee verkleiden. Strukturschnee trocknen lassen, bis er ausgehärtet ist.

4. Glas über die Bäume stülpen und Klebeknete auf den Glasboden drücken, damit die Kerze einen sicheren Stand hat. Die Klebeknete lässt sich später bei Bedarf wieder rückstandslos entfernen.

MATERIAL

CD

Glas Schliffperle,
ø 6 mm, bergkristall

Glas Schliffperle,
ø 3 mm, mintgrün

2 Sonnenfänger

Perlonfaden

schwarzes Tonpapier

Klebeband

Schere

Heißkleber

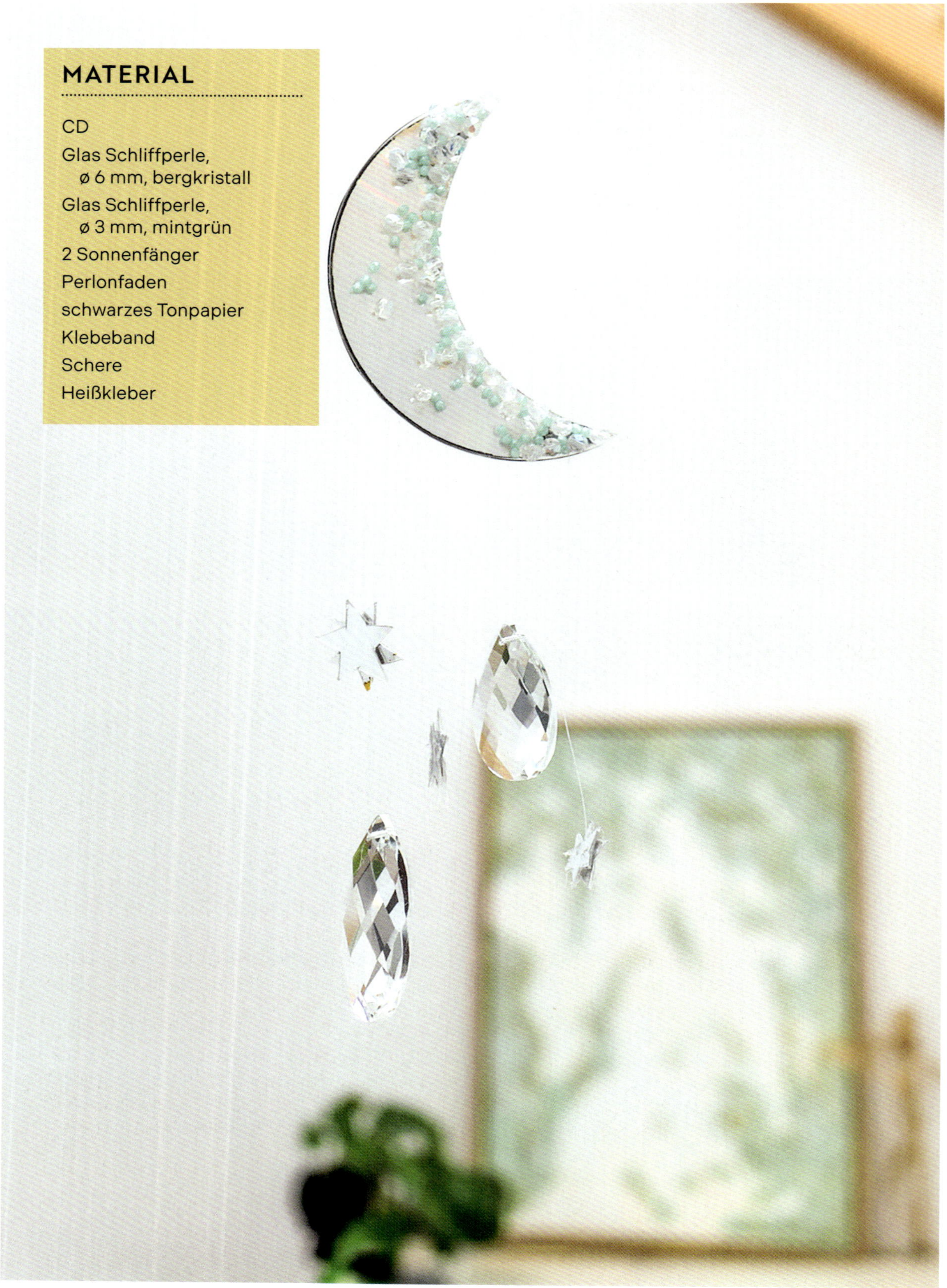

SONNEN-FÄNGER

aus CDs

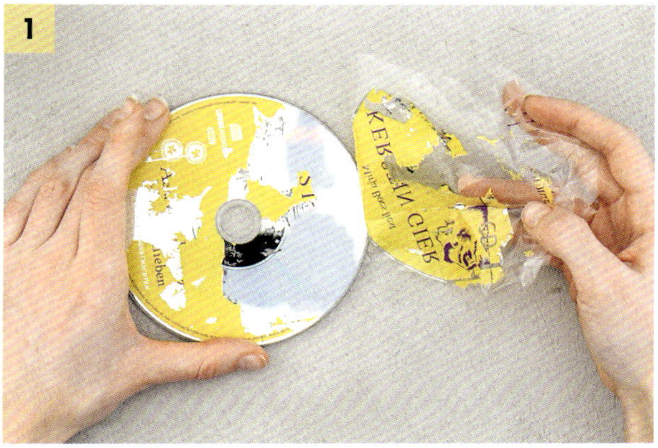

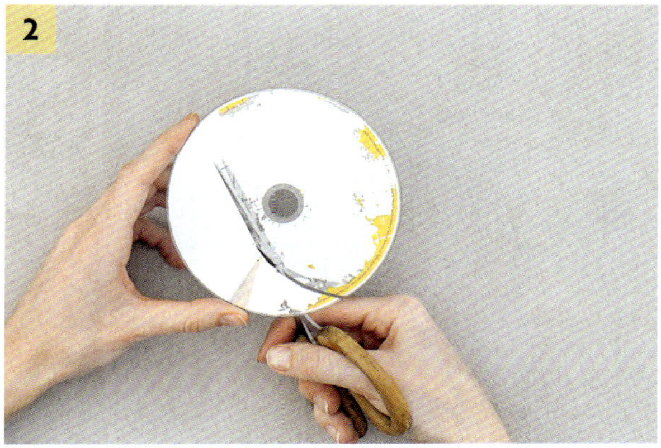

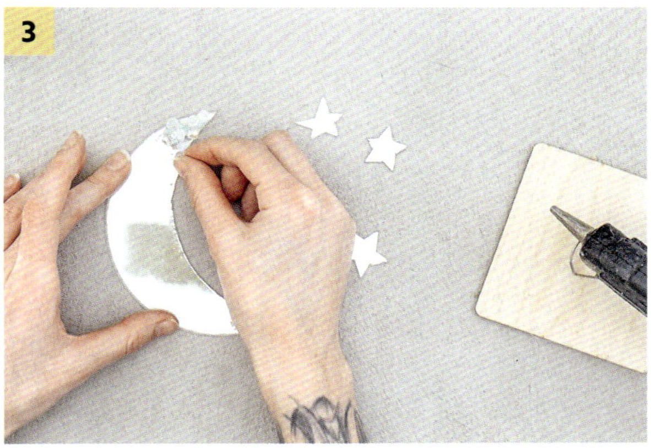

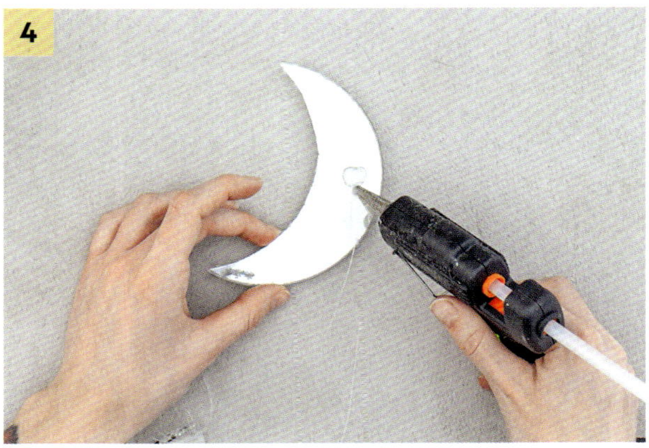

1. CD mit kochendem Wasser übergießen und fünf Minuten einweichen lassen. Aus dem Wasser holen, abtrocknen und mit Klebeband bedecken. Klebeband gut andrücken und abziehen, sodass sich der Aufdruck auf der CD löst. Bei Bedarf mehrfach mit dem Klebeband über die CD gehen, bis der Aufdruck gänzlich entfernt ist.

2. Aus der CD und dem schwarzen Tonpapier eine Mondsichel ausschneiden. Aus dem Rest der CD 6 Sterne ausschneiden.

3. Schliffperlen mit Heißkleber oder Kraftkleber auf den Rand des Mondes aufkleben. Gegebenenfalls beschädigte Stellen der CD damit verdecken.

4. Perlonfaden durch die Sonnenfänger ziehen, verknoten und mit Heißkleber auf die Mondrückseite kleben.

Fortsetzung Seite 106

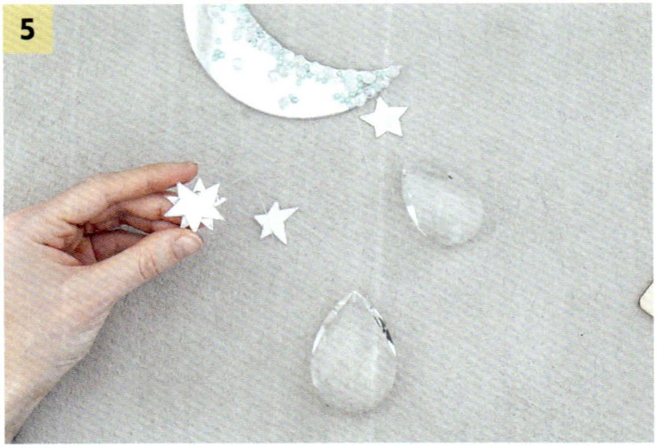

5. 3 Perlonfäden ebenfalls auf die Rückseite des Mondes kleben. Den Faden am anderen Ende zwischen zwei Sterne kleben, die versetzt aufeinander geklebt werden.

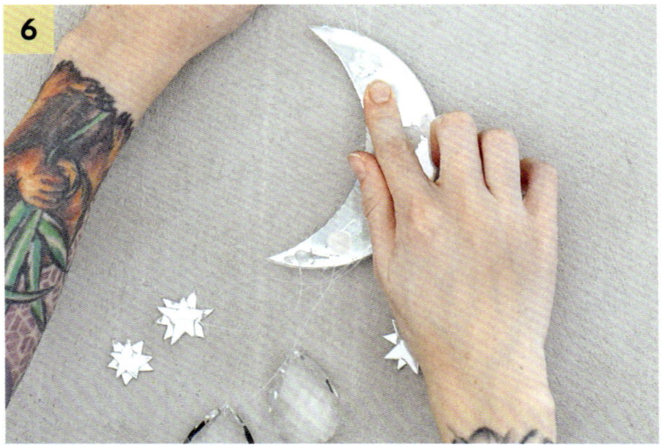

6. Ein weiteres Stück Perlonfaden abschneiden, die beiden Garnenden verknoten und oben an die Mondsichel kleben.

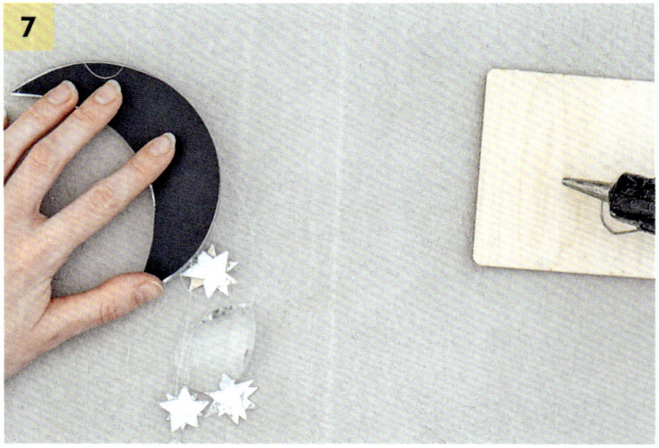

7. Die Klebestellen verdecken, indem auf die Rückseite das schwarze Tonpapier geklebt wird. Alternativ kann auch eine zweite CD entsprechend zugeschnitten und auf die Rückseite geklebt werden.

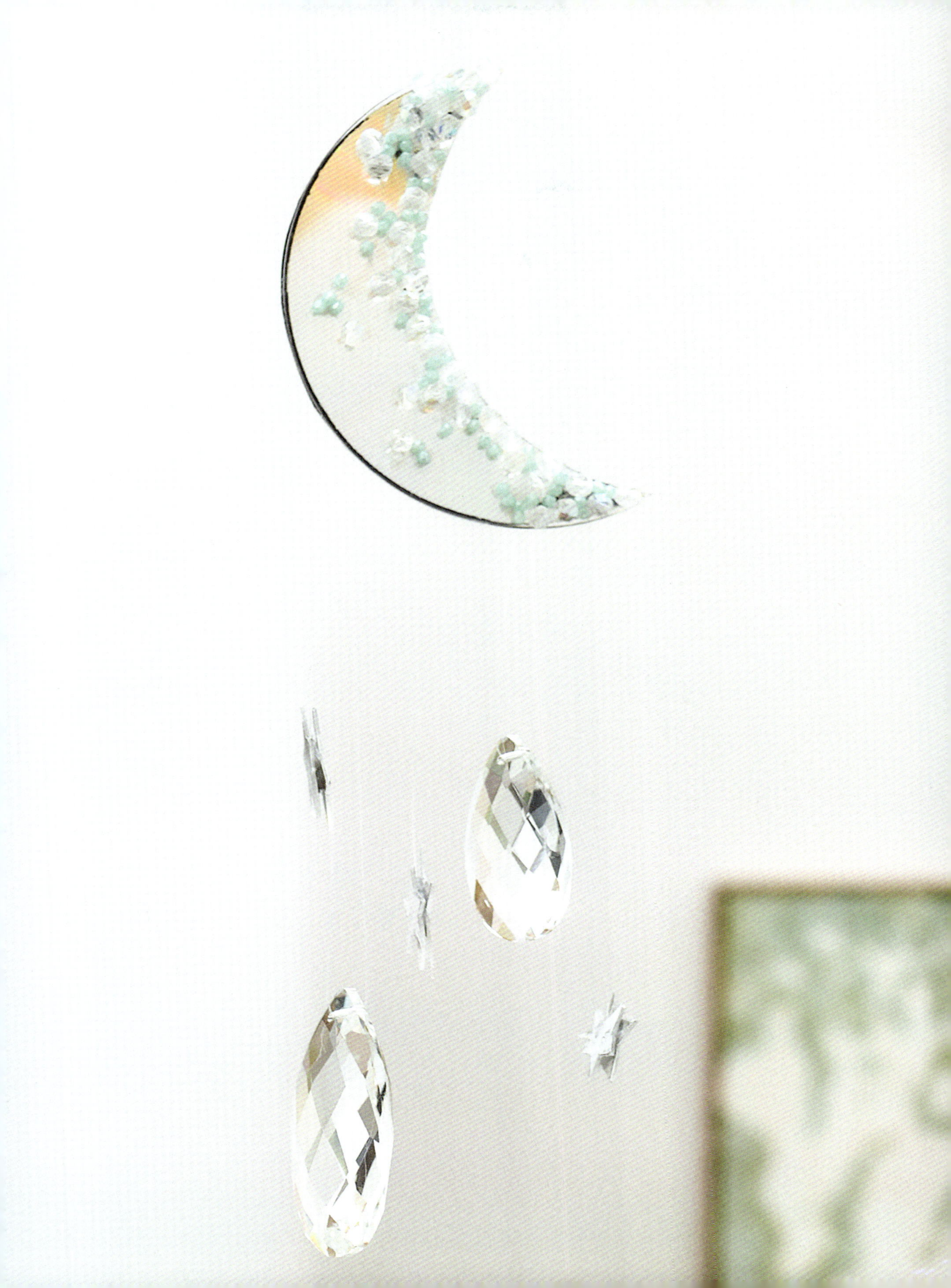

PAPIER SCHÖPFEN

mit einem Bilderrahmen und einer Strumpfhose

MATERIAL

- Bilderrahmen (kein Plastik)
- Feinstrumpfhose
- Altpapier
- Farbpigment in Blau
- Metallflocken in Kupfer
- Wanne
- Handtacker
- Pürierstab
- Handtuch
- Geschirrtuch

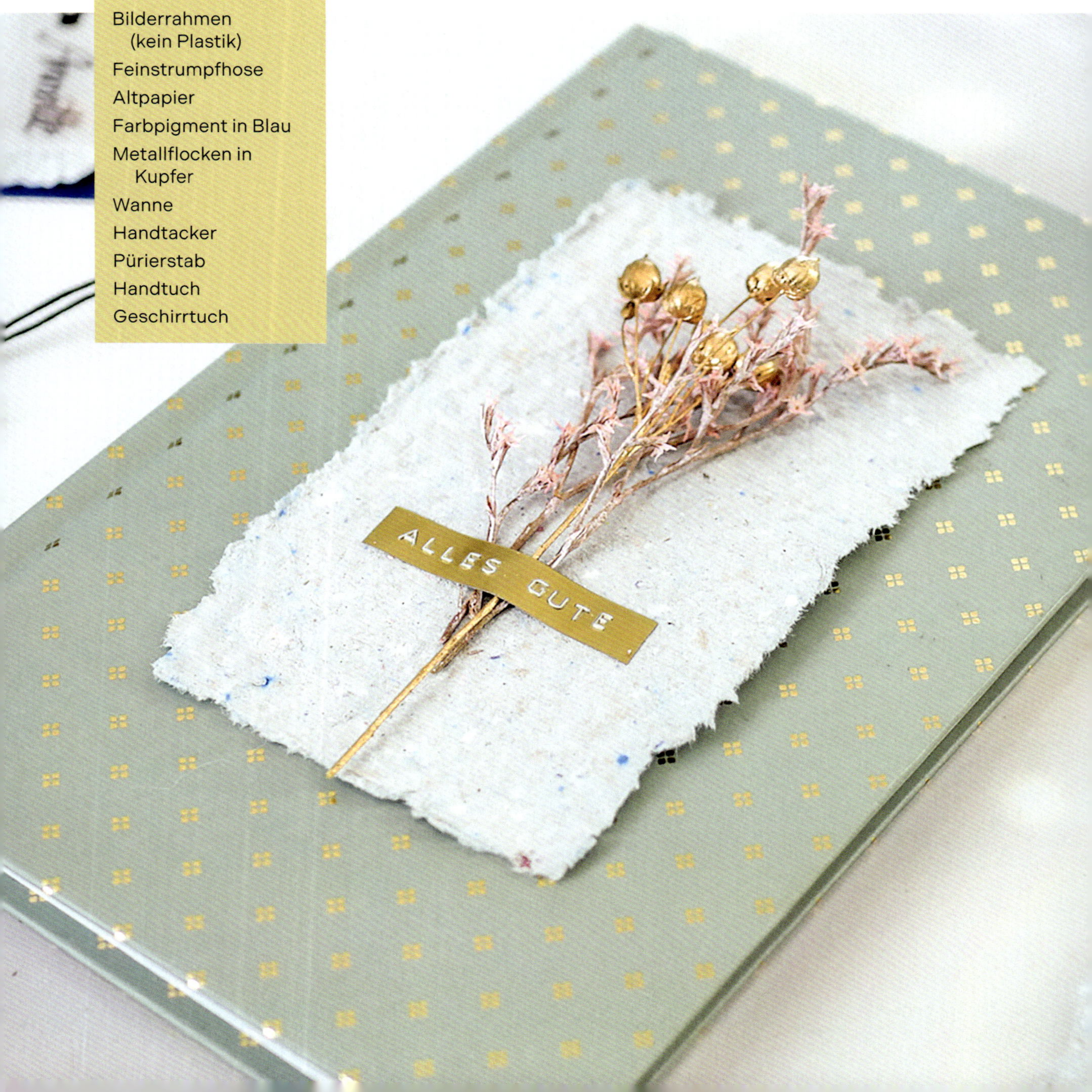

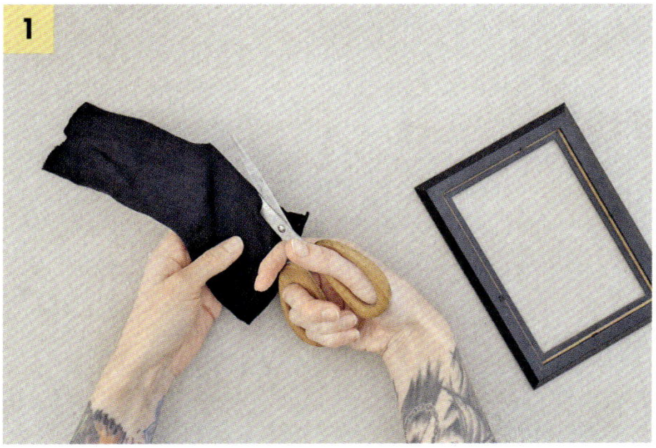

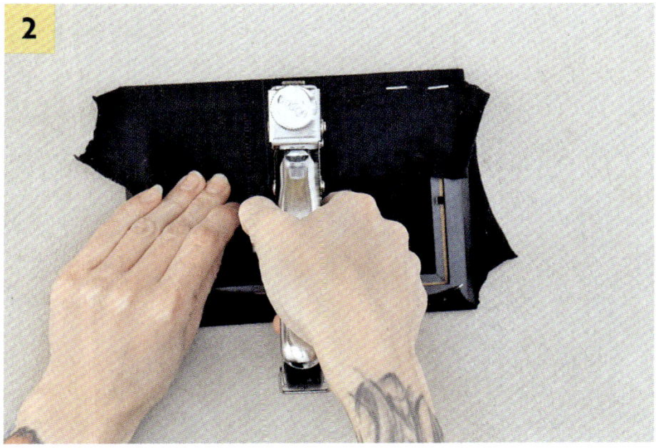

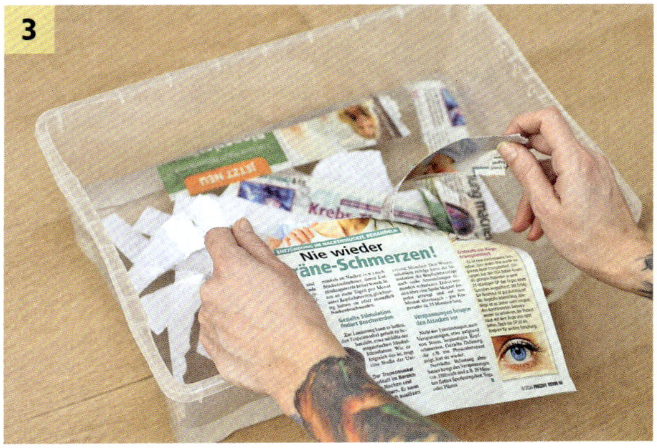

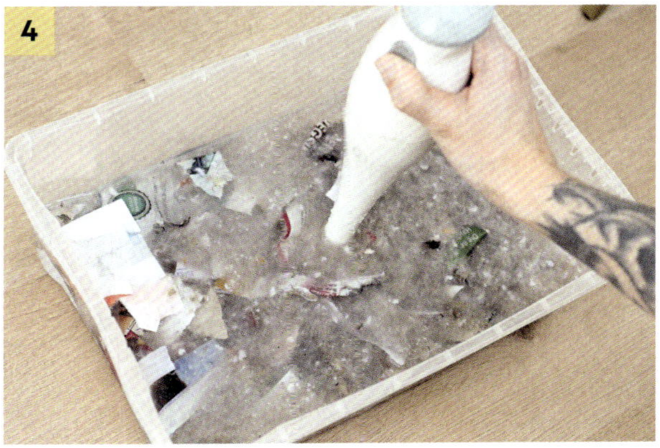

1. Glas aus dem Bilderrahmen nehmen und die Metallhalterungen an der Kante umklappen. Einen Teil aus einer Feinstrumpfhose ausschneiden, der etwas größer ist als der Bilderrahmen. Im Sinne der Nachhaltigkeit am besten eine kaputte Strumpfhose nehmen, da nur ein kleiner Teil davon benötigt wird. Lediglich der verwendete Teil sollte ohne Löcher oder Laufmaschen sein. Je feiner die Strumpfhose, desto besser kann das Wasser später ablaufen.

2. Strumpfhose von vorne um den Bilderrahmen spannen und auf der Rückseite festtackern. Dafür an einer der breiten Seiten des Rahmens anfangen und die Strumpfhose dann unter Spannung auf der gegenüberliegenden Seite befestigen. Anschließend die beiden kurzen Seiten festtackern. Überstehenden Stoff abschneiden.

3. Reichlich warmes Wasser in eine Wanne geben. Altpapier in kleine Stücke reißen und einige Minuten im Wasser aufweichen lassen. Längere Einweichzeiten sind kein Problem.

4. Das aufgeweichte Papier mit einem Pürierstab zerkleinern. Je kleiner die Stücke in Schritt 3 gerissen wurden, desto einfacher ist das Pürieren. Solange fortführen, bis keine einzelnen Papierstücke mehr zu sehen sind.

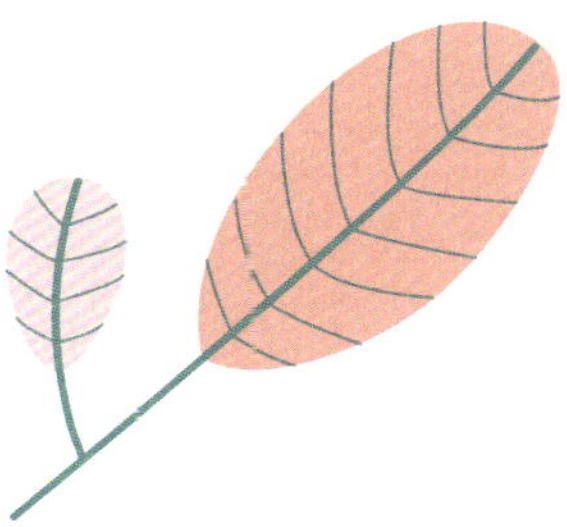

Fortsetzung Seite 110

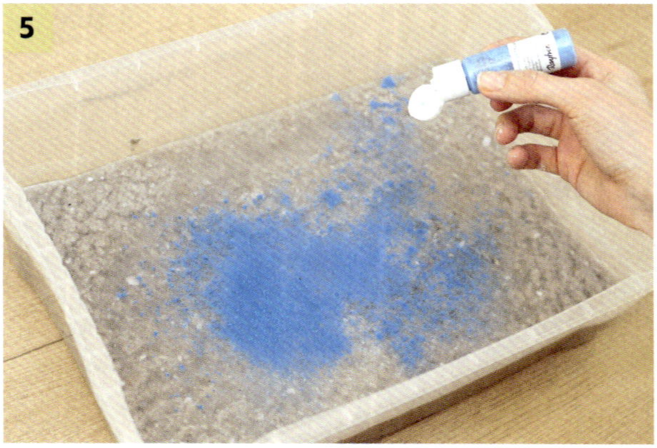

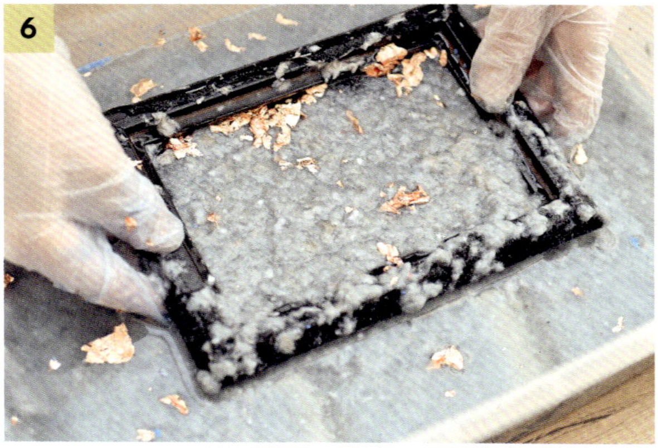

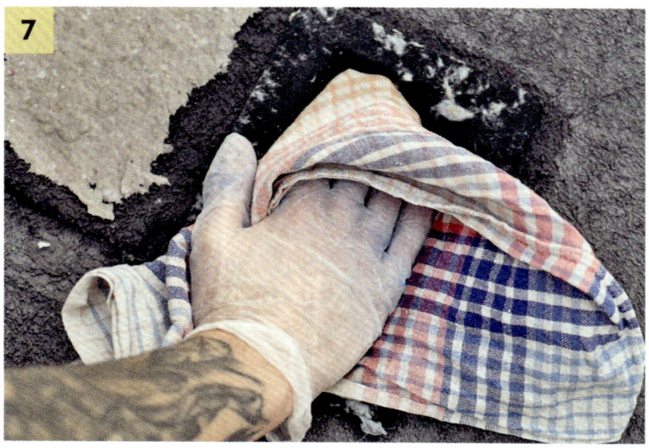

5. Die Pulpe nach Wunsch gestalten, zum Beispiel durch Hinzugabe von Pigmenten, Metallflocken oder getrockneten Blüten. Für ein gleichmäßiges Ergebnis das Pigment gut unterrühren und nochmals mit dem Pürierstab verteilen. Falls kleine, etwas intensivere Farbpunkte im Papier gewünscht sind, reicht ein grobes Einrühren des Pigmentpulvers.

6. Den Schöpfrahmen mit der offenen Seite nach oben schräg in das Wasser-Papier-Gemisch eintauchen, vorsichtig wieder hochziehen und das Wasser mit einer Rüttelbewegung abtropfen lassen. Dabei darauf achten, dass die Deko (zum Beispiel die Metallflocken) mit dem Rahmen aufgenommen und nicht verdrängt wird.

7. Handtuch ausbreiten und den Rahmen mit der offenen Seite auf das Handtuch stürzen. Die Oberfläche des Handtuches sollte glattgestrichen werden, da sich die Oberflächenbeschaffenheit auf das Papier überträgt. Falls das Papier geprägt werden soll, können vorab zum Beispiel Holzbuchstaben, Moosgummifiguren oder Silikonstempel auf das Handtuch unter den Rahmen gelegt werden. Den Rahmen mit dem Papier vorerst liegen lassen und mit einem Geschirrtuch von oben auf die Strumpfhose drücken. So wird noch überschüssiges Wasser aufgenommen und das Papier vom Rahmen gelöst. Es kann sein, dass sich zwischen der Strumpfhose und dem Rahmen Papier ansammelt und so das Herauslösen etwas erschwert. Um dies zu vermeiden, kann der Rand zum Beispiel mit Heißkleber oder weiteren Tackernadeln von vorne versiegelt werden. Dann kann der Rahmen nach dem Schöpfen allerdings nicht mehr als normaler Bilderrahmen verwendet werden. Das Papier trocknen lassen und bei Bedarf zwischen zwei Geschirrtüchern oder Backpapier glattbügeln. So kann es nach Belieben für Grußkarten, Anhänger oder Scrapbooking weiterverwendet werden.

Tipp:

Übrige Pulpe kann in einem Sieb abgegossen und mit Kleister vermischt werden. So kann sie als Papiermaché zum Modellieren verwendet werden.

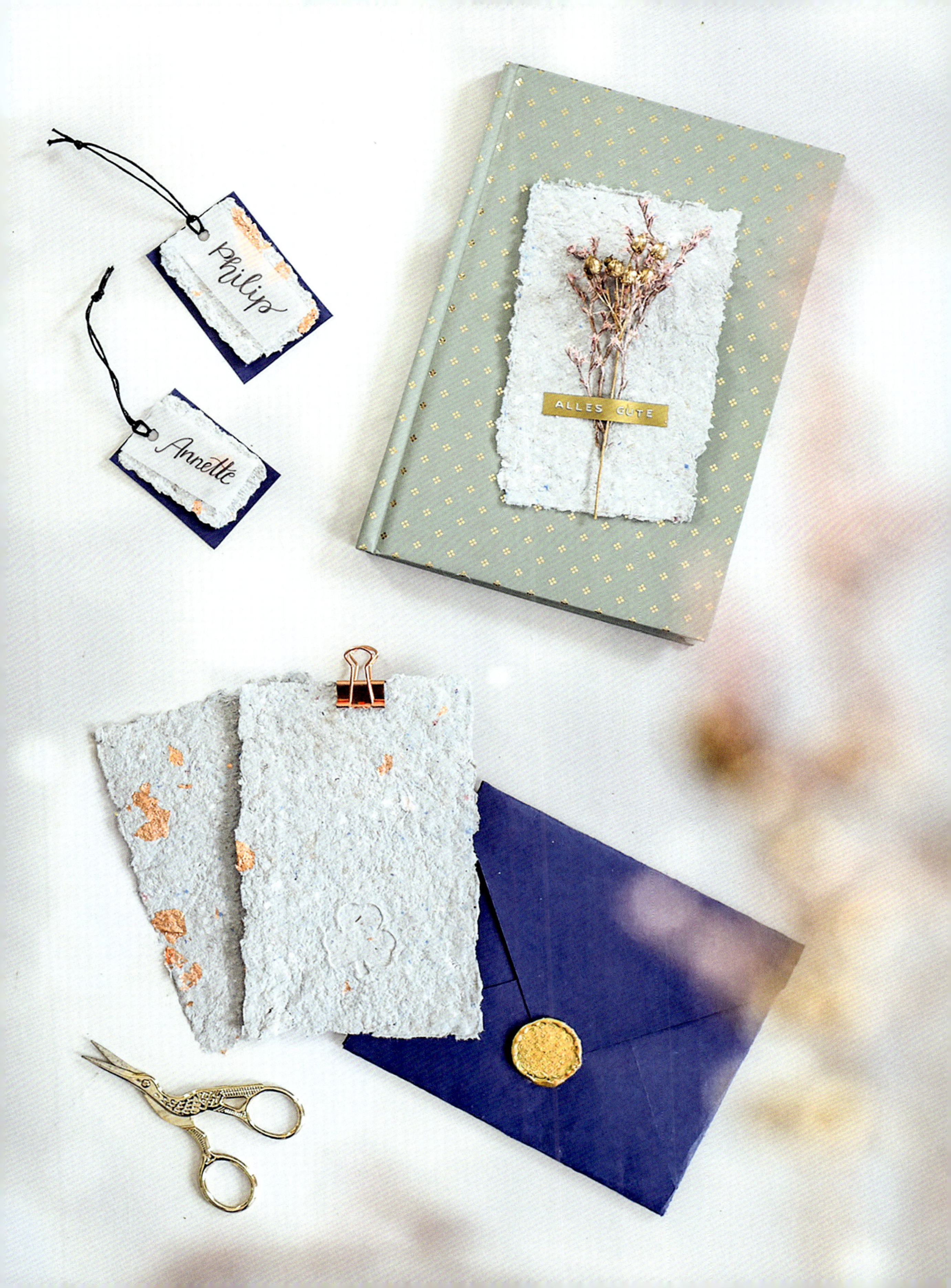
Philip
Annette
ALLES GUTE

MATERIAL

- Altglasdeckel in verschiedenen Größen
- Kraftkleber
- Chalky Finish Spray Grundierung
- Chalky Finish Spray in Mintgrün
- Chalky Finish Spray Wachs
- Stumpenkerze

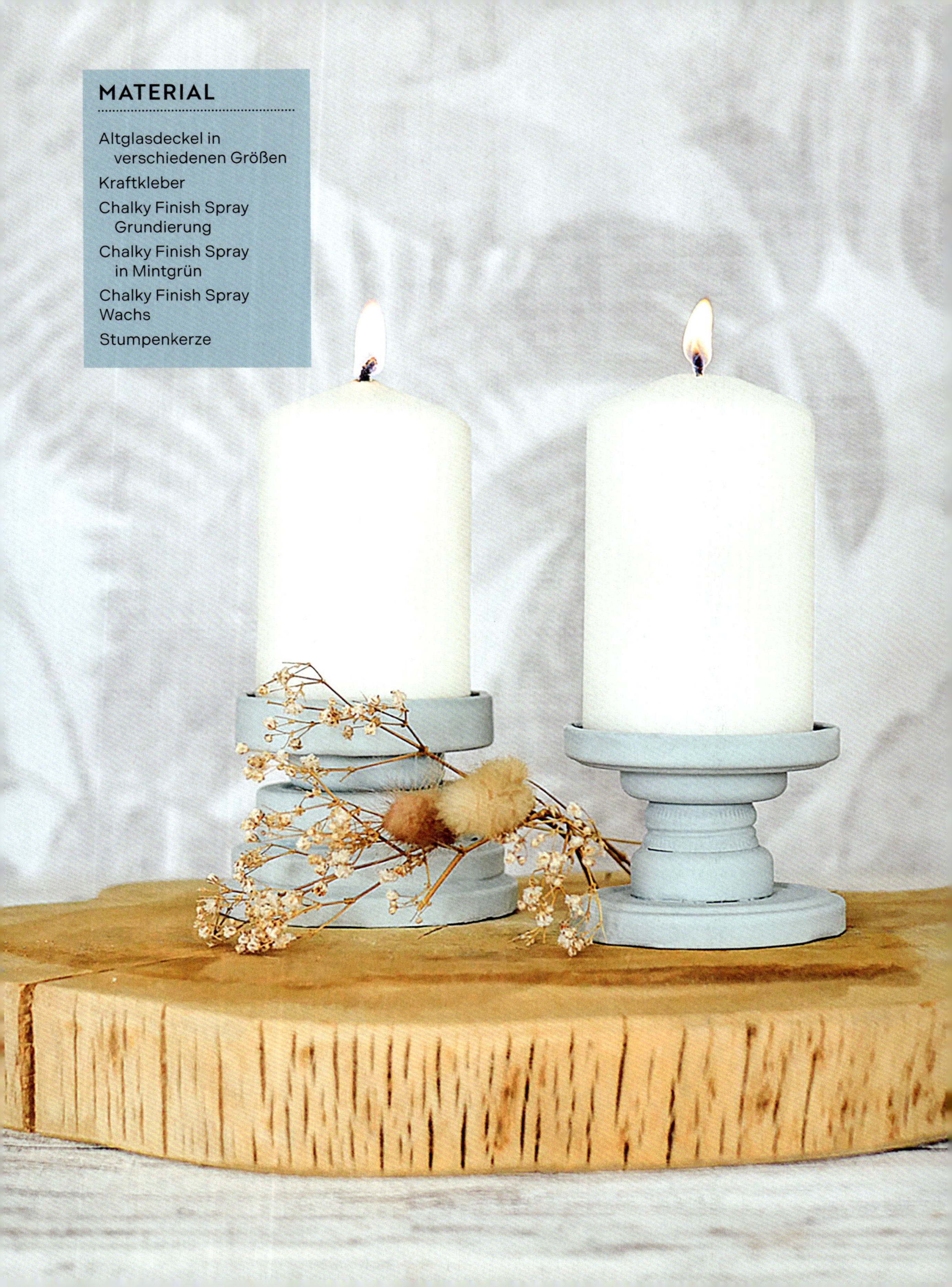

KERZENSTÄNDER

aus Altglasdeckeln

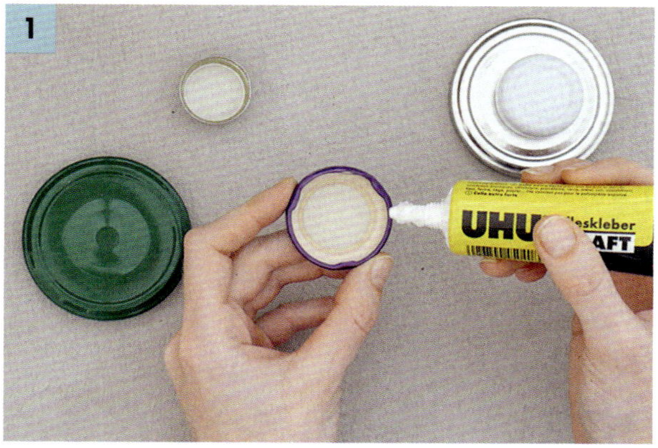

1

1. Deckel von Altglas in verschiedenen Größen testweise aufeinanderstellen, bis die gewünschte Form erreicht ist. Der obere Deckel sollte groß genug für eine Stumpenkerze sein. In zwei Stapel aufteilen, bei denen die Deckel nach oben hin immer kleiner werden. Die Stapel einzeln mit Kraftkleber zusammenkleben und trocknen lassen. Anschließend die beiden Stapel mit den jeweils kleinsten Deckeln aufeinander kleben und wieder trocknen lassen.

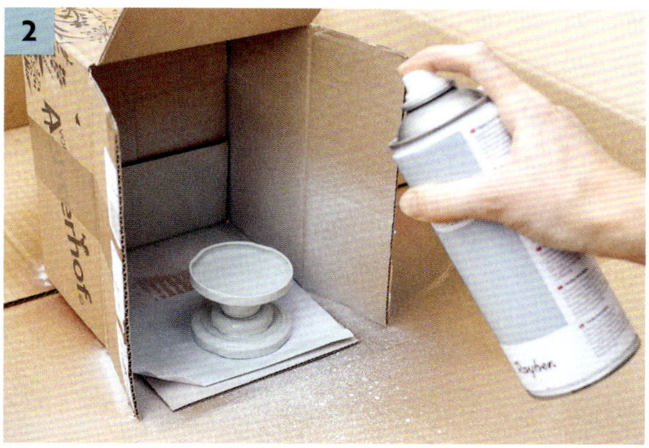

2

2. Kerzenständer erst grundieren, dann lackieren und versiegeln. Dabei die Anweisungen auf der Dose beachten und zwischen den Schichten trocknen lassen. Immer nur im Freien sprühen und den Untergrund gut abdecken. Ein Stück Papier mit einem Eselsohr als Unterlage hilft dabei, das Objekt beim Sprühen einfach zu drehen und so von allen Seiten lackieren zu können.

FLASCHENGARTEN

in einem Rumtopf

MATERIAL

- Rumtopf aus Glas
- Blähton
- Holzkohle
- Ungedüngte Blumenerde
- Pflanzen
- Ggf. Deko wie Steine oder Figuren

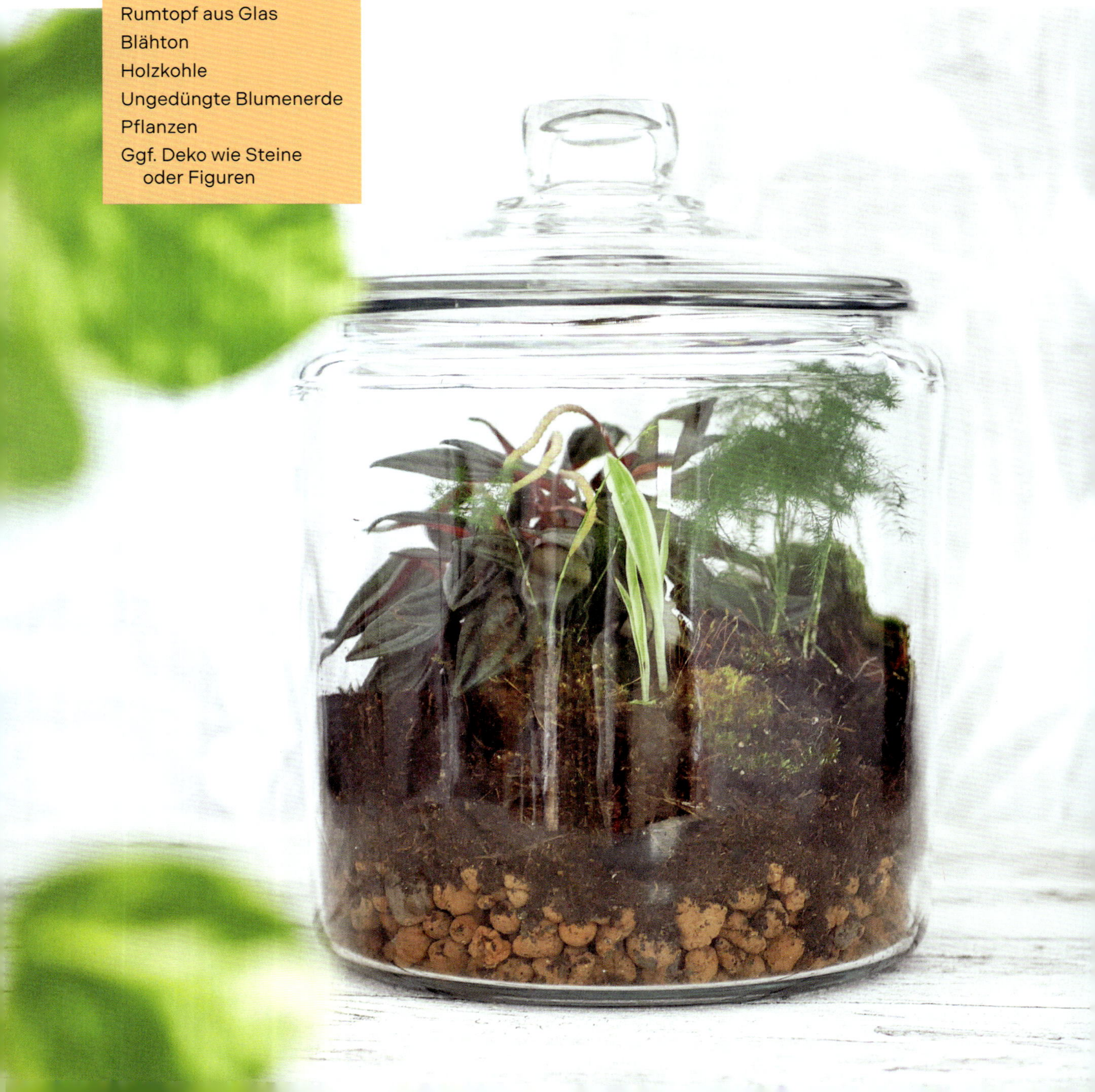

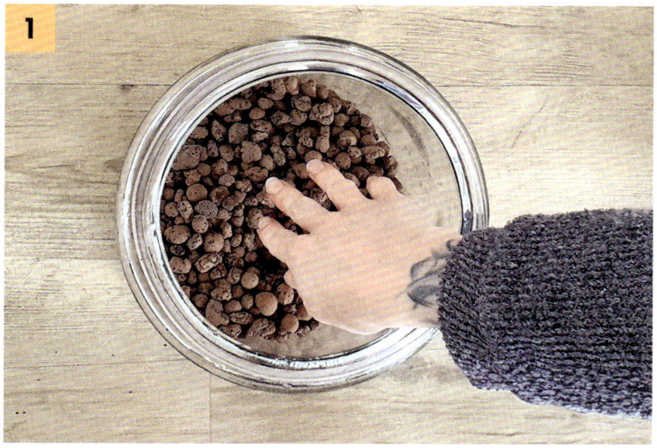

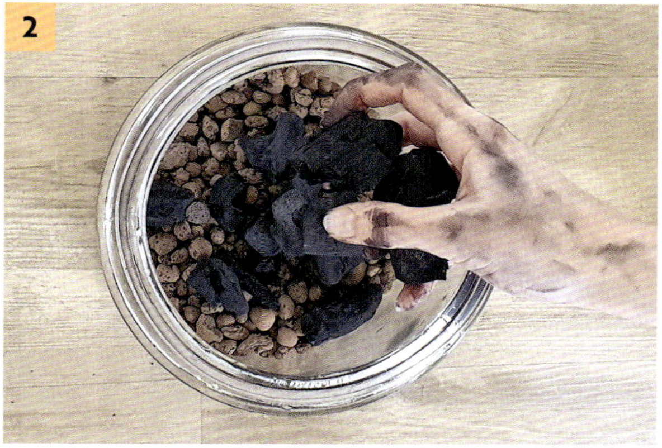

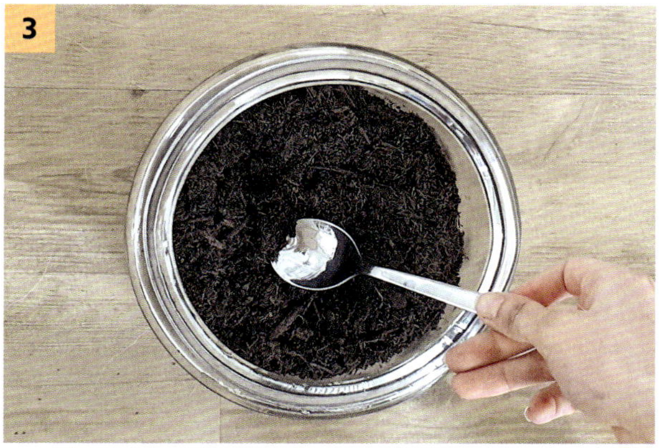

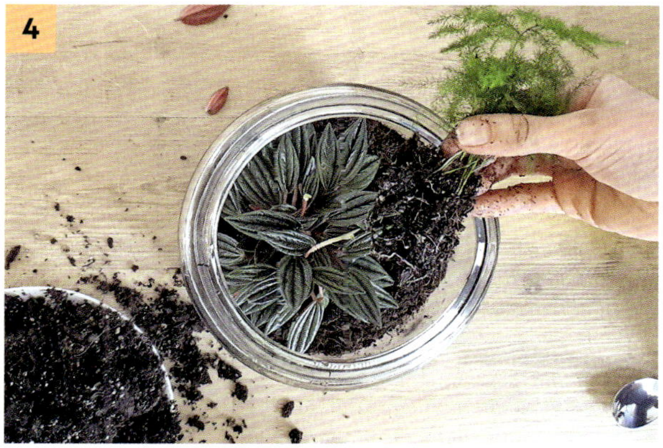

1. Das Glas ordentlich säubern, um die Gefahr für Schimmelbildung zu senken. Es eignet sich jedes gläserne Gefäß mit Deckel. Eine 3-4 cm dicke Schicht Blähton in das Glas füllen. Dabei langsam vorgehen, damit das Glas nicht allzu dreckig wird. Der Blähton speichert Feuchtigkeit und sorgt so für ein gutes Klima im Glas.

2. Den Blähton mit einer Schicht Holzkohle bedecken. Sehr große Kohlestückchen bei Bedarf mit einem Hammer etwas zerkleinern. Die Holzkohle wirkt antibakteriell und beugt so Schimmelbildung vor.

3. Die ungedüngte Blumenerde etwa 5–10 cm hoch in das Glas füllen. Wie hoch diese Schicht sein muss, hängt auch von der Größe der gewählten Pflanzen ab.

4. Die Pflanzen aus den kleinen Plastiktöpfchen nehmen und den Wurzelballen vorsichtig von überschüssiger Erde befreien. Mit einem Löffel oder den Fingern eine Kuhle in die Erde drücken. Dort die Pflanzen einsetzen und darauf achten, dass alle Wurzeln gut mit Erde bedeckt sind. Nicht zu viele Pflanzen in das Glas pflanzen, da sie in der Regel noch etwas wachsen und Platz brauchen. Am besten nur kleinbleibende Exemplare kaufen. Die Pflanze vorsichtig zuschneiden, wenn sie doch mal zu groß wird.

Fortsetzung Seite 116

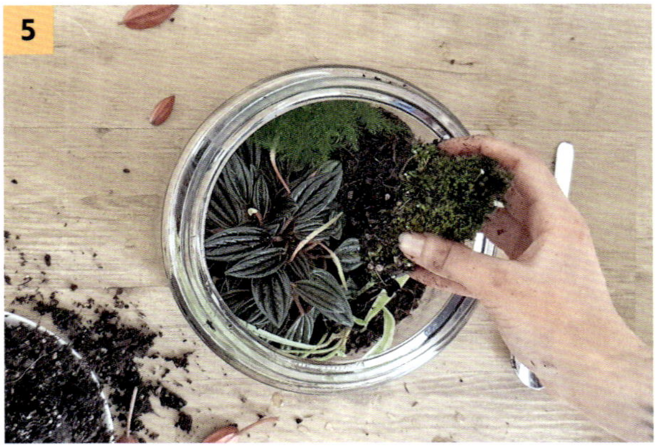

5. Die freien Flächen mit Moos bedecken, ohne zuvor eine Mulde zu graben. Das Moos einfach auf die Erde drücken. Moos ist für den DIY Flaschengarten besonders wichtig, da es Feuchtigkeit speichert und somit ebenfalls das Klima im Glas reguliert. Das Glas nach Wunsch dekorieren.

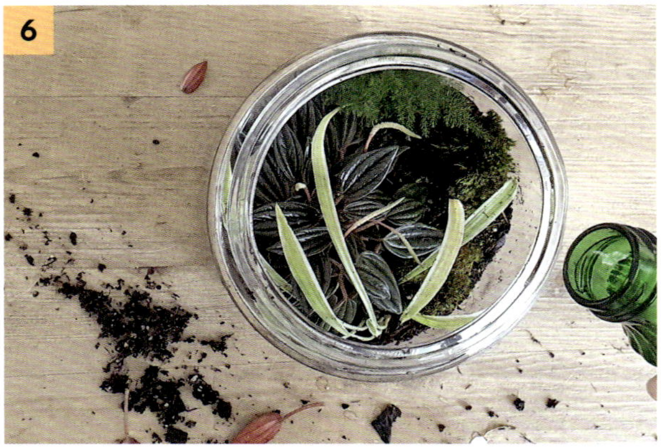

6. Den selbstversorgenden Flaschengarten einmal angießen. Die Erde sollte nur feucht sein, das Wasser aber nicht am Boden des Glases stehen. Zu viel Wasser könnte dazu führen, dass die Wurzeln faulen. Anschließend den Deckel schließen. Der Flaschengarten muss im Optimalfall nie wieder gegossen werden.

Weitere Hinweise:

Dass das Glas beschlägt, ist normal. Es sollte aber kein Dauerzustand sein. Morgens beschlägt es oft, sollte aber nach wenigen Stunden wieder aufklaren. Andernfalls ist das ein Zeichen für zu viel Feuchtigkeit. In dem Fall einfach den Deckel öffnen und die Feuchtigkeit einen Tag entweichen lassen.
Der Flaschengarten sollte an einem hellen Ort stehen, aber auf keinen Fall der direkten Sonne ausgesetzt werden. Durch das Glas kann es sonst zu Verbrennungen führen.

Kleine Tierchen wie z. B. Asseln schaden deinem Garten nicht, denn sie halten ihn sauber. Diese sollten allerdings nicht im Garten gefangen und eingesperrt werden. Falls Tiere im Flaschengarten gewünscht werden, hilft das Fachpersonal im Zoohandel gerne weiter, aber auch ohne Tiere wird es dem Florarium gut gehen.

Für ein Florarium eignen sich folgende Pflanzen:

Zierspargel
Kleine Farne
Zierpfeffer
Ufo-Pflanze
Zebrakraut
Kleinwachsende Grünlilie

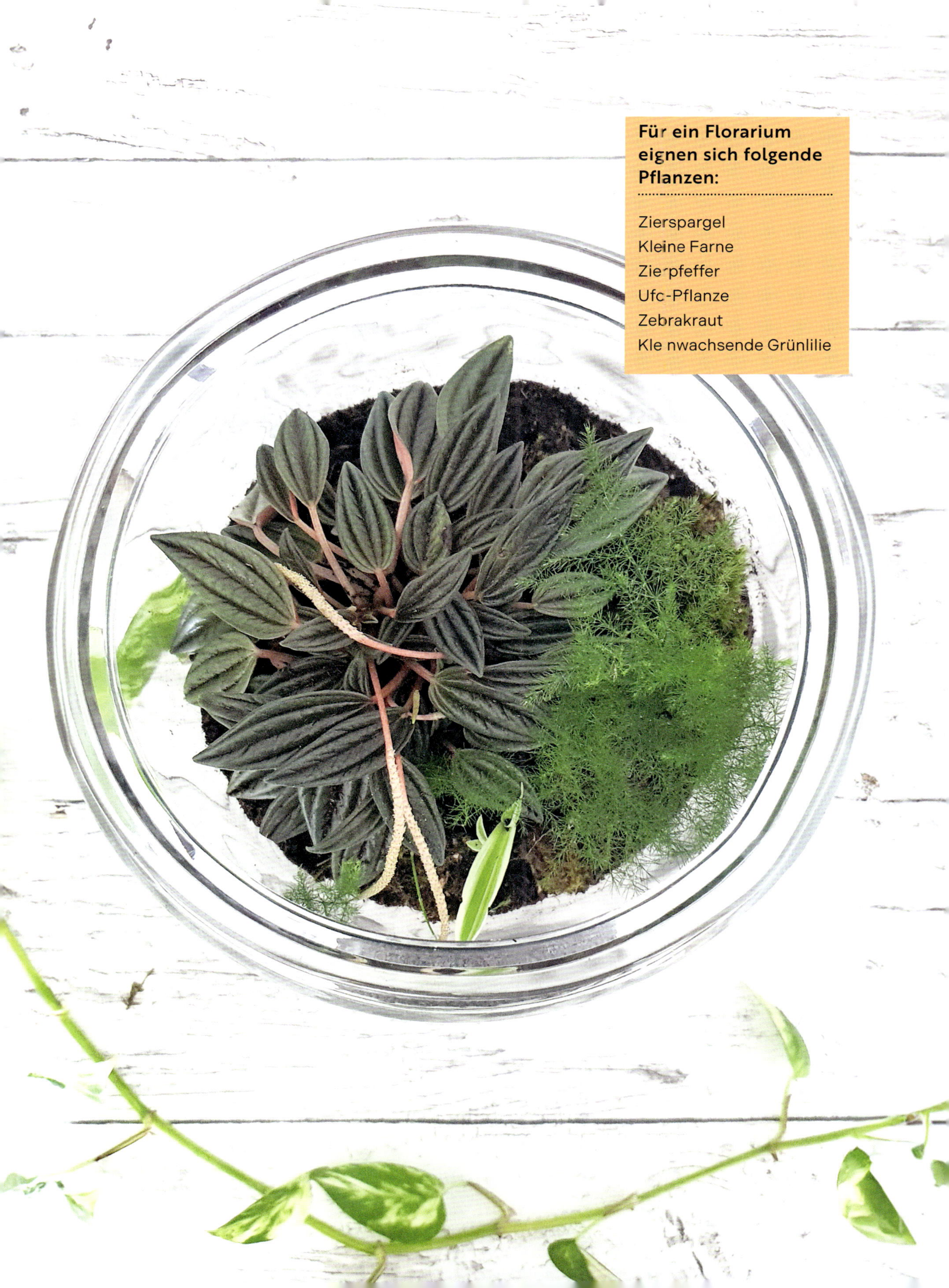

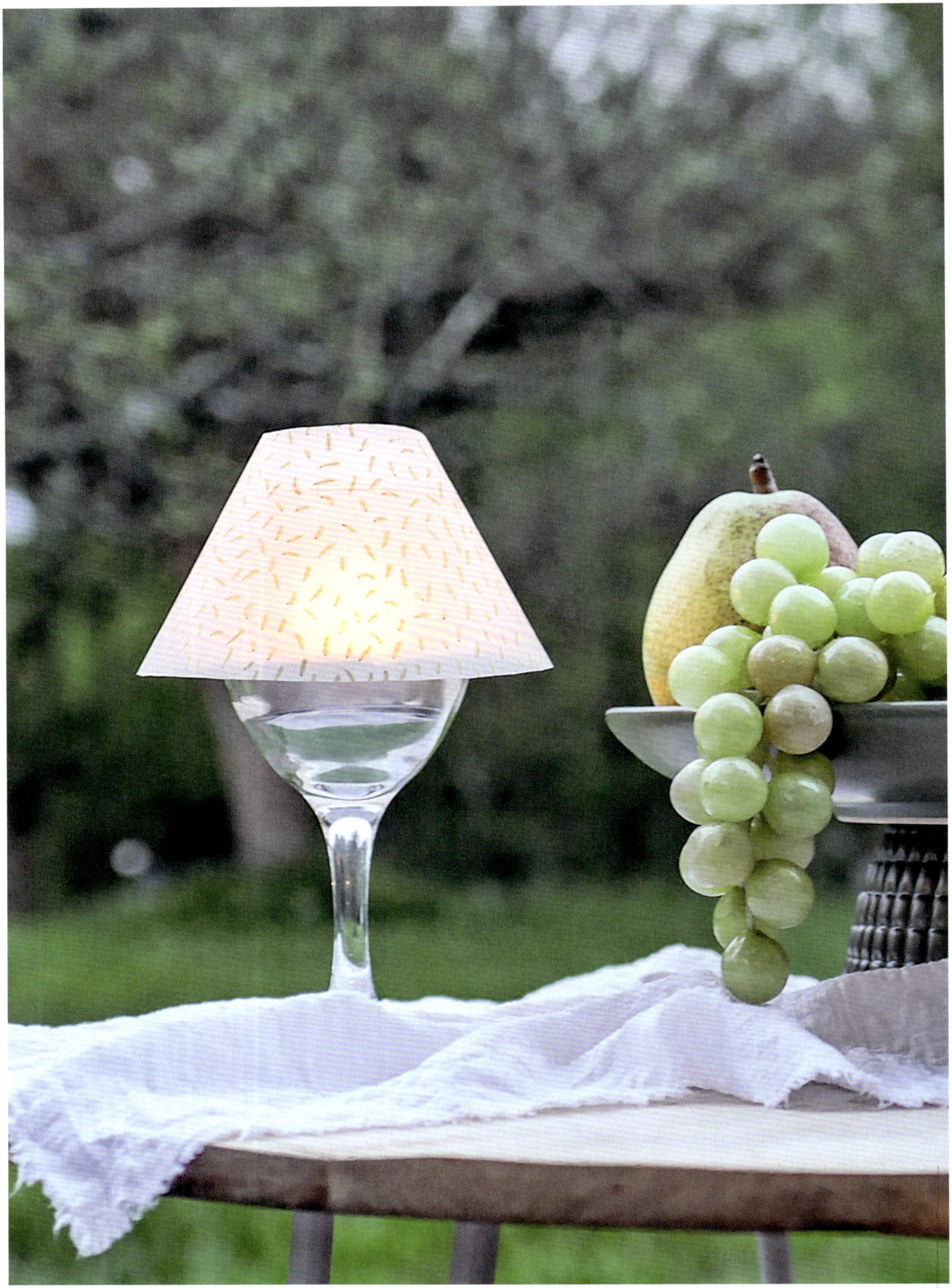

Mein Dank

Ein eigenes Kreativbuch – ein lang gehegter Traum, der nun endlich in Erfüllung gegangen ist. Und dafür möchte ich Danke sagen!

Zuallererst natürlich dem Christophorus Verlag für die tolle Zusammenarbeit, bei der ich mich immer wohl und wertgeschätzt gefühlt habe. Die gute Projekt-Koordination und der angenehme Austausch haben mir die Umsetzung dieses Buches ein ganzes Stück leichter gemacht.

Ein großes Dankeschön geht außerdem an meinen Freund, der das Bastelchaos im Haus tapfer ertragen und mir manches Mal helfend zur Seite gesprungen ist. Dann und wann sind vier Hände eben besser als zwei.

Zum Schluss möchte ich mich noch bei Rayher bedanken, die mir für dieses Projekt ihre tollen Produkte zur Verfügung gestellt haben. Mit gutem Bastelmaterial bastelt es sich einfach besser!

Bezugsquellen

Rayher Hobby GmbH
Fockestr. 15
88471 Laupheim
www.rayher.com

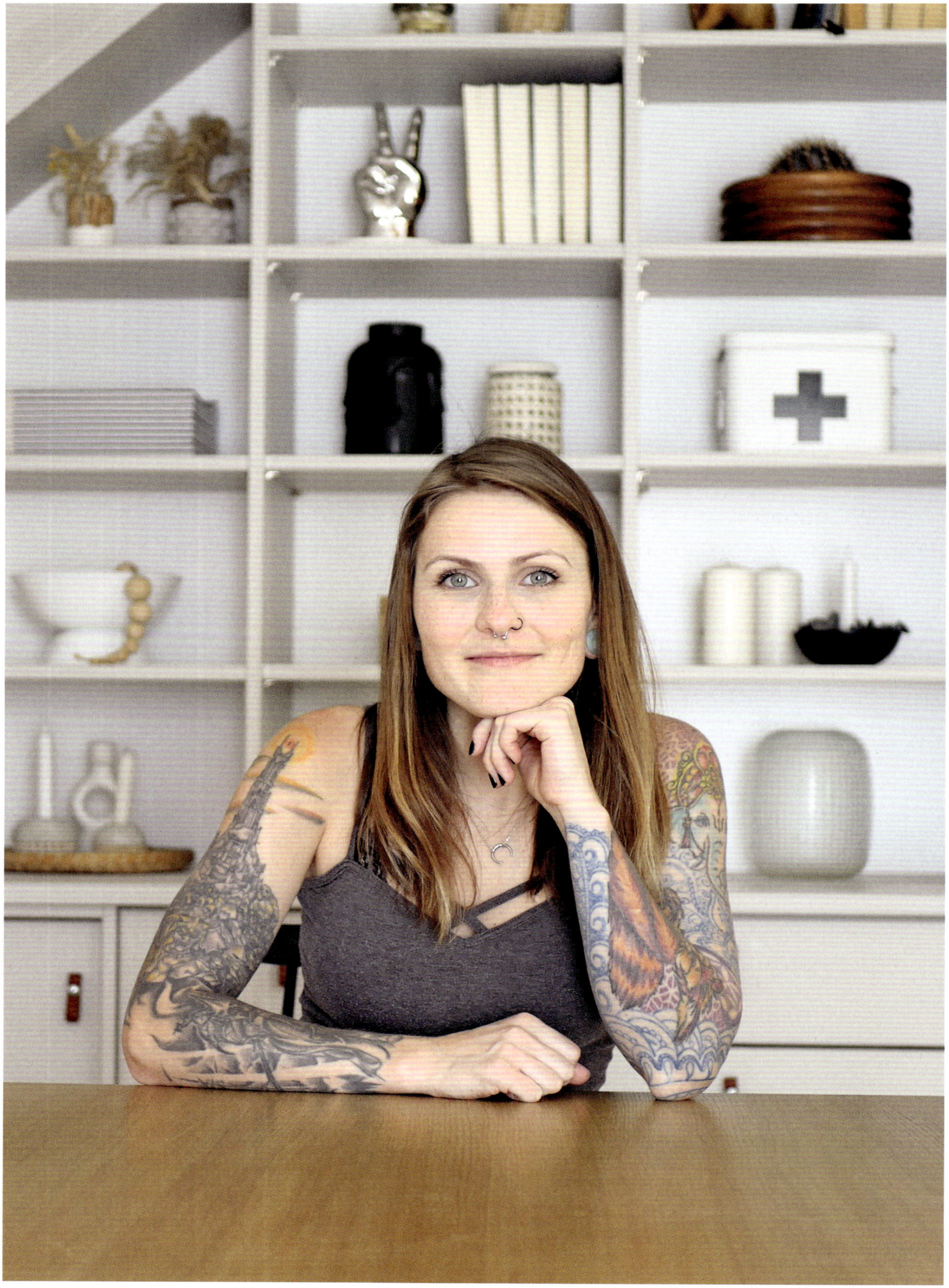

Über die Autorin

Ich bin Julika (von allen nur Juli genannt) und der kreative Kopf hinter »Scandify Your Life«. Schon als kleines Mädchen habe ich es geliebt, zu basteln und zu malen. Ich bin zwar längst kein Kind mehr, aber meine Kreativität ist geblieben.

Nachdem ich im November 2020 nach sechs anstrengenden Monaten meine Masterarbeit abgegeben hatte, wollte ich die letzten Wochen vor dem Arbeitsleben unbedingt sinnvoll und vor allem kreativ nutzen. Also habe ich Hals über Kopf meinen Blog www.scandify-your-life.de auf die Beine gestellt und erste Anleitungen veröffentlicht. Und wer hätte es gedacht? Das erste DIY, das es auf meinen Blog geschafft hat, war direkt ein Upcycling.

Seither teile ich regelmäßig neue Bastelideen mit meiner Leserschaft und auch das eine oder andere Upcycling hatte dort schon seinen großen Auftritt. Egal ob aus Altglas, Milchtüten oder heruntergekommenen Möbeln vom Sperrmüll – ich hole überall das Beste heraus. Das macht nicht nur Spaß, sondern spart auch noch bares Geld. Und das kann man ja immer gebrauchen, oder?

Umso mehr freue ich mich, dass meine Leidenschaft für das Upcycling nun mit einem eigenen Buch gekrönt wird. Ich hoffe, du hast beim Basteln genauso viel Spaß wie ich!

Eure Juli

IMPRESSUM

Autorin: Julika Schlüter
Fotos & Styling: Julika Schlüter
Projektmanagement: Xenia Kuczera
Lektorat: Mareike Weber
Korrektorat: Christiane Gsänger
Umschlaggestaltung: Dominik Günzinger
Satz: Sabine Vonderstein
Repro: LUDWIG:media
Herstellung: Anna Katavic
Printed in Türkiye by Elma Basim

★★★★★

Sind Sie mit diesem Titel zufrieden? Dann würden wir uns über Ihre Weiterempfehlung freuen. Erzählen Sie es im Freundeskreis, berichten Sie Ihrem Buchhändler oder bewerten Sie beim Onlinekauf. Und wenn Sie Kritik, Korrekturen, Aktualisierungen haben, freuen wir uns über Ihre Nachricht an: Christian Verlag, Postfach 40 02 09, 80702 München oder per E-Mail an lektorat@verlagshaus.de.

Unser komplettes Programm finden Sie unter

www.christophorus-verlag.de

In diesem Buch wird aus Gründen der besseren Lesbarkeit das generische Maskulinum verwendet. Weibliche und anderweitige Geschlechteridentitäten werden dabei ausdrücklich mitgemeint, soweit es für die Aussage erforderlich ist.

Die Deutsche Nationalbibliothek verzeichnet diese Publikation in der Deutschen Nationalbibliografie; detaillierte bibliografische Daten sind im Internet über http://dnb.d-nb.de abrufbar.

ISBN 978-3-8388-3937-0

Kreativ-Service

Sie haben Fragen zu unseren Büchern und Materialien? Wir beraten Sie gern rund um alle Kreativthemen. Rufen Sie uns einfach an. Wir interessieren uns auch für Ihre eigenen Ideen und Anregungen. Sie erreichen uns per E-Mail kreativ-service@c-verlag.de oder unter der Telefonnummer 0049-89-1306 99 577.

Besuchen Sie uns im Internet: www.christophorus-verlag.de & www.selbstgemacht.de

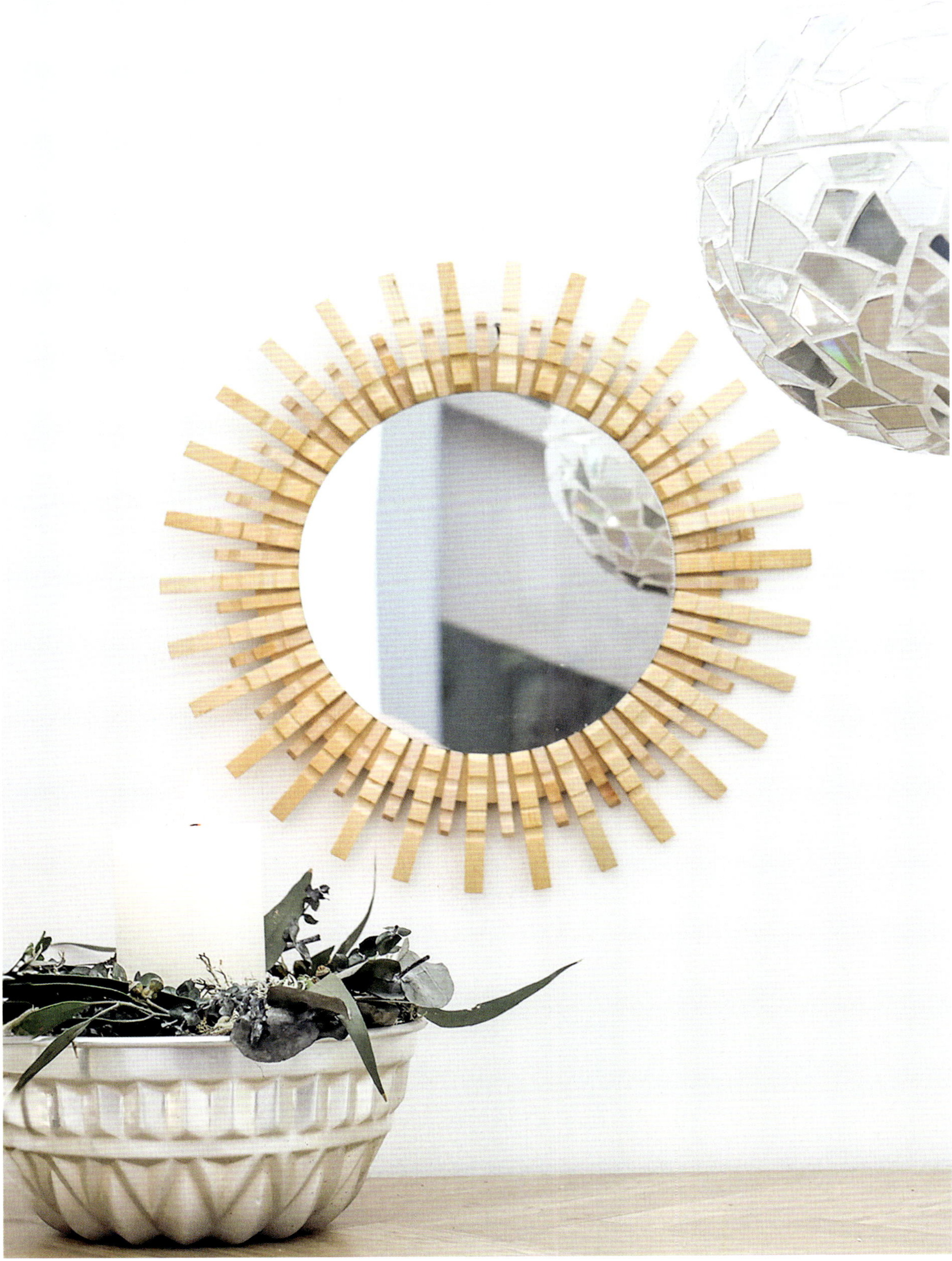

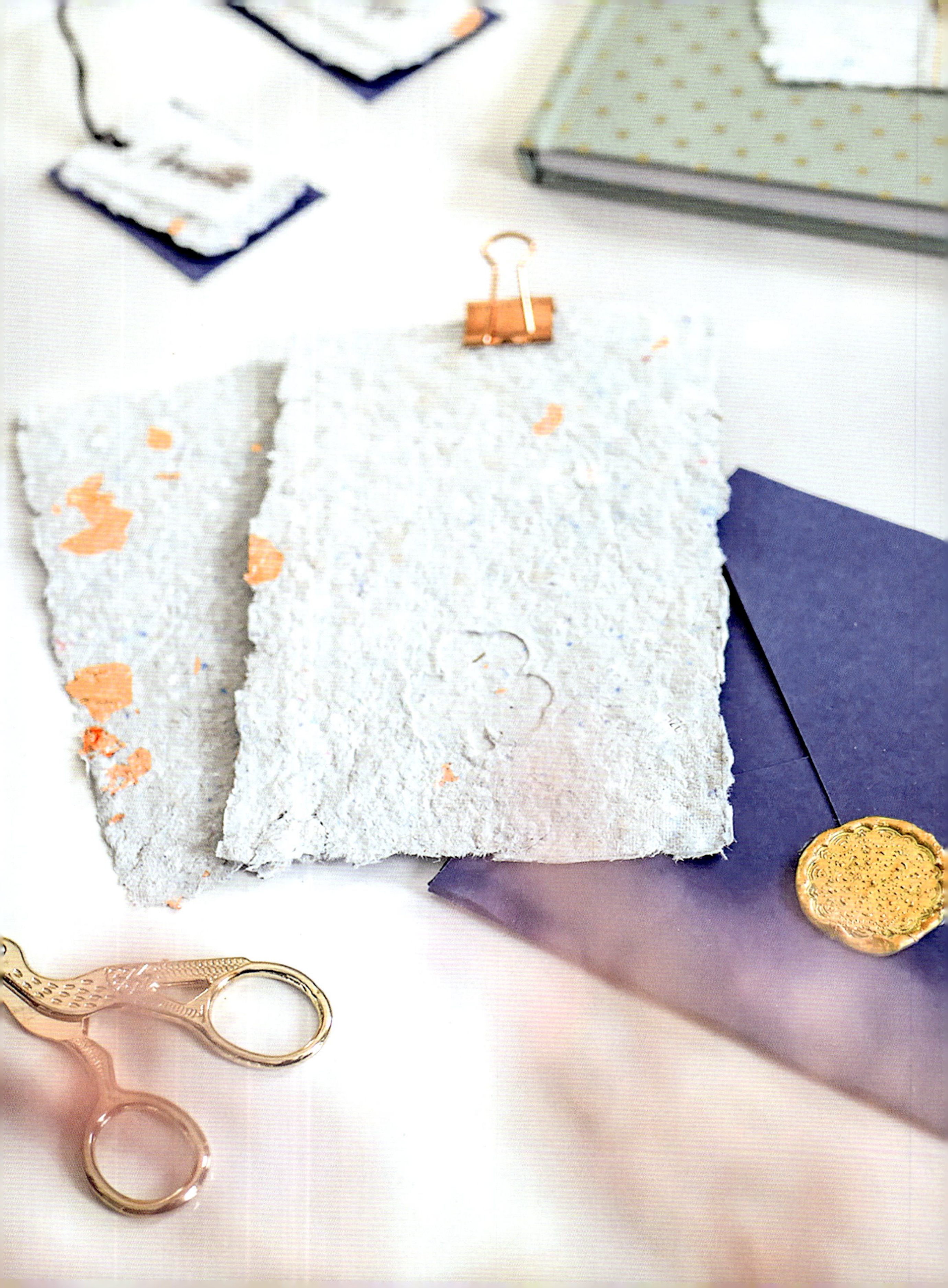

Ebenfalls erhältlich ...

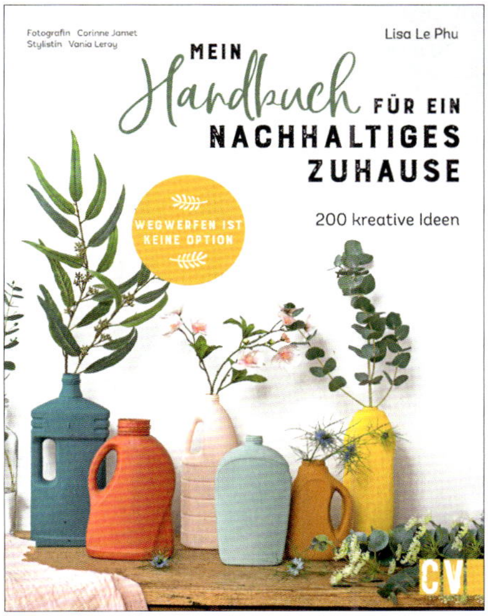

ISBN 978-3-8388-3810-6

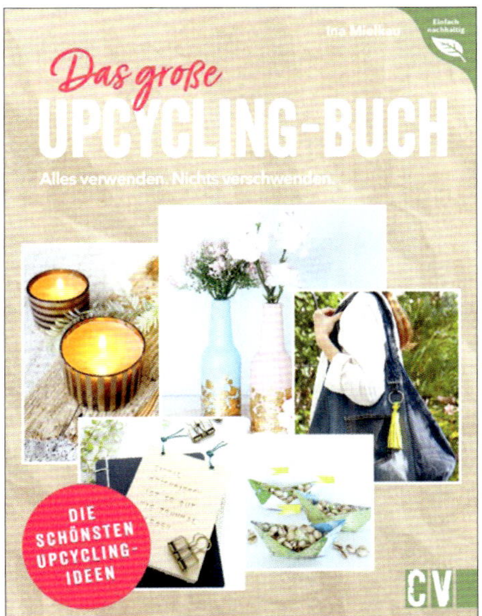

ISBN 978-3-8388-3905-9